Für theologische Beratung dankt der Autor
Prof. Dr. Axel von Dobbeler.

MIX
Papier aus verantwor-
tungsvollen Quellen
FSC® C106847

Die Bibeltexte folgen der Ausgabe: „Die Bibel. Die Heilige Schrift des Alten und Neuen Bundes. Vollständige deutsche Ausgabe", Verlag Herder, Freiburg im Breisgau 2010.

© Verlag Herder GmbH, Freiburg im Breisgau 2014
Alle Rechte vorbehalten
www.herder.de

Gesamtgestaltung: Daniela Schulz, Puchheim
Coverillustration: Giuliano Ferri
Druck: fgb • freiburger graphische betriebe
www.fgb.de

Printed in Germany

ISBN 978-3-451-71213-5

Georg Schwikart

Das verlorene Schaf

Spannende Geschichten über die Gleichnisse

Mit Illustrationen von
Kirsten Straßmann

FREIBURG · BASEL · WIEN

Inhalt

In Bildern sprechen   9

1. **Brand in Rankel**   15
   Das Gleichnis vom Sämann   19
   Markus 4, 1–20 und Matthäus 13

2. **Luis in Not**   25
   Das Gleichnis vom barmherzigen   30
   Samariter
   Lukas 10, 25–37

3. **Von Nederdüren nach Köln**   35
   Das Gleichnis vom verlorenen Schaf   42
   Lukas 15, 3–7

4. **Die Kandidaten**   45
   Das Gleichnis vom Pharisäer   49
   und dem Zöllner
   Lukas 18, 9–14

5. **Moritz und die Mail**   53
   Das Gleichnis vom Senfkorn   59
   Markus 4, 30–32 und Matthäus 13

6. **Heimkehr**   61
   Das Gleichnis vom   69
   barmherzigen Vater
   Lukas 15, 11–32

7. **Wie ungerecht!**   75
   Das Gleichnis von den   80
   Arbeitern im Weinberg
   Matthäus 20, 1–16

8. **Ein neues Notebook**   85
   Das Gleichnis vom   91
   unbarmherzigen Schuldner
   Matthäus 18, 23–35

9. **Mach was draus!**   97
   Das Gleichnis vom   104
   anvertrauten Geld
   Matthäus 25, 14–30

10. **Zwei Schwestern**   109
    Das Gleichnis von den   114
    ungleichen Söhnen
    Matthäus 21, 28–32

11. **Das Fest findet statt**   119
    Das Gleichnis vom Festmahl   126
    Lukas 14, 15–24

12. **Briefmarken aus Tonga**   131
    Das Gleichnis vom Schatz   136
    und von der Perle
    Matthäus 13, 44–46

In Bildern sprechen

In seinen Gleichnissen hat Jesus in Bildern zu den Menschen gesprochen. Er macht die Botschaft seiner Geschichten dadurch für alle greifbar und verständlich.
Bilder kann man malen oder zeichnen. Doch wie kann man in Bildern sprechen?
Wir tun es ziemlich oft, etwa in unseren Redewendungen:
„Leg mal einen Zahn zu!", forderst du vielleicht einen Freund auf, wenn er irgendwas schneller machen soll. Dafür braucht er natürlich nicht wirklich einen zusätzlichen Zahn!
Wenn du wütend bist, dann „gehst du an die Decke" – obwohl du gar nicht so hoch springen kannst.
Und wer von irgendwo schnell verschwindet, der „macht sich aus dem Staub". Selbst wenn er dabei gar keinen Staub aufwirbelt.
Man könnte noch viele andere Sprachbilder aufzählen, zum Beispiel diese:

Ich habe geschlafen wie ein Murmeltier.
Da sieht es aus wie bei Hempels unterm Sofa.
Es ist höchste Eisenbahn.
Sie trifft den Nagel auf den Kopf.
Ich bin jemandem auf den Leim gegangen.

Du weißt sofort, was gemeint ist. Denn ein sprachliches Bild macht oft einfach schneller deutlich, worum es geht.

Ganz ähnlich ist es mit Fabeln: Sie erzählen eine kleine Geschichte, aus der man etwas lernen soll, beispielsweise „stolz zu sein ist lächerlich" oder „Hochmut kommt vor dem Fall". Du ahnst, was damit gemeint ist. Aber du verstehst es besser, wenn du eine Geschichte dazu hörst – wenn du ein Bild dazu siehst.

So erzählt der französische Schriftsteller Jean de La Fontaine eine Fabel, die du vielleicht kennst:

Ein Rabe sitzt auf einem Baum mit einem Stück Käse im Schnabel. Das will ein Fuchs haben. Er schmeichelt dem Raben: „Wie schön du bist! Kannst du auch so schön singen?" Da öffnet der Rabe den Schnabel und krächzt. Der Käse fällt hinunter und der Fuchs schnappt ihn sich.

Ausgetrickst! Hat der Rabe tatsächlich geglaubt, er könne singen? Sein Stolz war lächerlich ...
Auch Jesus spricht in Bildern, wenn er erklären will, was nicht leicht zu begreifen ist. Seine Geschichten nennen wir „Gleichnisse". In den vier Evangelien, die Matthäus, Markus, Lukas und Johannes aufgeschrieben haben, finden wir zahlreiche Gleichnisse. In den Gleichnissen erzählt Jesus immer von bestimmten Menschen, zum Beispiel von den Winzern, einem Hirten oder den Pharisäern. Er will damit aber etwas deutlich machen, was für alle Menschen gilt.

Jesus benutzt Gleichnisse, wenn er über sein Lieblingsthema spricht: das Reich Gottes. „Reich" nennt man ein Gebiet, in dem ein Herrscher regiert. Ein Land kann ein „Königreich" sein, wie zum Beispiel England oder die

Niederlande. Es gibt aber auch „Reiche" im übertragenen Sinne, zum Beispiel das „Tierreich".

Jesus spricht oft vom „Reich Gottes" – einem Land, in dem sozusagen Gott der König ist. Doch dieses Land findet man auf keiner Landkarte, nicht im Atlas und nicht auf dem Globus. Und wenn man „Reich Gottes" ins Navigationsgerät eingibt, heißt es: „Ziel nicht gefunden."

Warum nicht?
Weil das Reich Gottes mitten unter uns ist! An jedem Ort der Welt und in jedem Augenblick kann es da sein. Es hat bereits angefangen, und du kannst es manchmal spüren – in einem Kuss, in der Hand, die dir ein Freund tröstend auf die Schulter legt, oder wenn deine Lehrerin mal ein Auge zudrückt, obwohl du etwas angestellt hast.
Das Reich Gottes hat bereits angefangen, aber durchgesetzt hat es sich noch nicht. Das merkt man leider jeden Tag. Das Reich Gottes ist noch nicht vollendet. Aber eines Tages werden wir vollkommen in Gottes Nähe leben – und davon erzählen die Gleichnisse Jesu.

Für dieses Buch habe ich zwölf der bekanntesten Gleichnisse ausgewählt. Jedes erzähle ich zunächst in einer spannenden modernen Geschichte nach, die ich mir ausgedacht habe. So soll für dich klar werden, wie und warum die Gleichnisse auch heute noch aktuell sind. Dann folgt der Originaltext aus der Bibel. Und schließlich biete ich eine kleine Hilfe an, wie das Gleichnis verstanden werden kann.

Diese Deutung von mir ist nur eine von vielen Erklärungsmöglichkeiten. Es ist gut möglich, dass du das Gleichnis etwas anders erklärt bekommst oder selbst anders begreifst.

Seit zweitausend Jahren lesen die Christen die Gleichnisse von Jesus. Sie haben sich immer bemüht herauszufinden, was Jesus uns damit sagen will. Das machen wir in der Gegenwart genauso. Ich bin mir sicher: Auch wenn die Geschichten, die Jesus erzählt hat, schon sehr alt sind – was sie zeigen wollen, ist aktuell: Dass Gott sich für uns Menschen interessiert. Und dass wir gut daran tun, Gott in unserem Leben einen Platz einzuräumen. Dann sehen, hören und fühlen wir es: Das Reich Gottes ist mitten unter uns!

Diese Erfahrung und viel Spaß
beim Lesen wünscht dir

Georg Schwikart

1.
Brand in Rankel

Am frühen Nachmittag heulen Sirenen. Feueralarm!
Über die Kleinstadt Rankel ziehen dicke Rauchwolken hinweg. Schon ertönen Martinshörner: Feuerwehr, Polizeiautos und Krankenwagen eilen in die Bonifatiusstraße. Dort brennt das Haus Nummer 14.
Aus dem ganzen Städtchen kommen Schaulustige herbei. Die Polizei errichtet eine Absperrung, damit die Helfer ungehindert arbeiten können. Die Leute beobachten neugierig, wie die Feuerwehrleute die Flammen mit dem Wasser aus den dicken Schläuchen löschen.
Alle sind aufgeregt. „Was ist passiert?", will jeder wissen. In dem Haus wohnt Familie Voss. Die hat fünf Kinder. Ein Krankenwagen braust

mit Blaulicht davon. Man macht sich Sorgen: „Hoffentlich ist keinem etwas zugestoßen!" Irgendwann ist das Feuer gelöscht. Rauch steigt auf. Über schwarz verkohlten Mauern sieht das Dach mit seinem großen Loch so aus, als hätte ein Riese hineingebissen. Die Holzbalken wirken wie ein abgenagtes Gerippe. In diesem Haus kann niemand mehr wohnen.

Da tritt Pfarrer Matthiesen vor die Menschenmenge. Er stellt sich auf einen Stuhl, um besser gesehen und gehört zu werden, und ruft durch ein Megaphon der Menge zu:

„Liebe Mitbürgerinnen und Mitbürger! Heute ist hier in Rankel ein Unglück geschehen. Und doch dürfen wir glücklich sein, denn alle Mitglieder der Familie Voss

sind unverletzt. Nur die kleine Vivian ist zur Beobachtung ins Krankenhaus gebracht worden. Sie ist aber nicht in Lebensgefahr."
Die Leute klatschen, manche weinen vor Rührung.
Der Pfarrer fährt mit seiner Ansprache fort: „Familie Voss hat ihr Haus verloren – und damit alles, was sie besaß. Wir quartieren die Familie erst einmal im Gemeindezentrum ein und suchen nach einer neuen Unterkunft. Diese Familie braucht jetzt wirklich alles! Möbel und Kleidung. Geschirr und Spielzeug. Alles! Ich bitte Sie, großzügig von dem abzugeben, was Sie übrig haben. Wir nehmen im Gemeindezentrum Geldspenden und Sachspenden entgegen. Ich danke Ihnen."
Bei den Zuschauern stehen auch die vier Freundinnen Lisa, Fatma, Marie und Sophie. Lisa hat Kopfhörer auf den Ohren und hört Musik. Sie hat vom Aufruf des Pfarrers nichts mitbekommen.
Fatma sagt aufgewühlt: „Diese armen Leute! Da müssen wir etwas tun! Wir müssen ihnen helfen!" Doch dann bekommt sie einen Anruf auf ihrem Handy.

„Das war mein Bruder", erklärt sie den anderen Mädchen. „Ich soll gleich in die Eisdiele rüberkommen. Er gibt mir ein Spaghetti-Eis aus! Bis morgen dann."

Marie verschränkt die Arme: „Ich will erst mal wissen, warum es da denn überhaupt gebrannt hat! Waren die unvorsichtig? Haben die Kinder gezündelt? Haben sie am Ende den Brand selbst verursacht? Also, bevor ich mich da einsetze, überlege ich mir das erst mal gut!"

Sophie schüttelt den Kopf, zeigt ihren Freundinnen einen Vogel und macht sich schnurstracks auf den Weg nach Hause. Sie packt eine Puppe für Vivian in einen Karton, ein Puzzle, drei Bücher, ein paar Malstifte, einen Pullover und eine Rolle Kekse. Den Karton bringt sie noch am gleichen Tag ins Gemeindezentrum. Pfarrer Matthiesen, seine Helferinnen und Helfer nehmen die Spenden entgegen. Viele Leute aus Rankel bringen etwas, damit Familie Voss trotz des großen Verlustes mit dem Nötigsten versorgt ist.

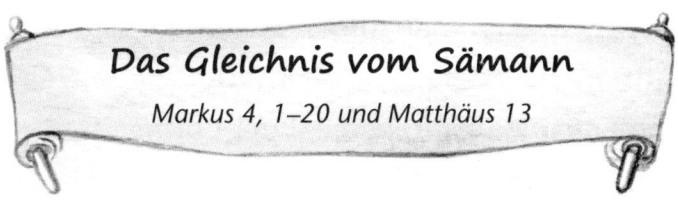

Das Gleichnis vom Sämann
Markus 4, 1–20 und Matthäus 13

Unsere moderne Geschichte erzählt von einer Familie in Not. Eigentlich müsste jeder Mitleid haben, denn so ein Unglück kann ja jeden treffen. Aber die vier Freundinnen reagieren sehr unterschiedlich auf den Aufruf zu helfen:
Die Erste hört gar nicht erst zu. Die andere ist

schnell begeistert, doch es folgen keine Taten daraus. Die Dritte ist kritisch, ja sogar misstrauisch. Und nur eine hört auf den Aufruf, nimmt ihn sich zu Herzen und wird tatsächlich aktiv. Sie hilft wirklich. Der Aufruf hat sie erreicht.
Auch Jesus hat die Menschen aufgerufen, nämlich am Reich Gottes mitzubauen. Viele Menschen hören seinen Aufruf. Aber wie in unserer Geschichte reagieren sie sehr unterschiedlich darauf. Jesus erzählt dazu ein Gleichnis. Er spricht in Bildern aus der Landwirtschaft, denn viele seiner damaligen Zuhörerinnen und Zuhörer sind Bauern und verstehen ihn so sehr gut. Sie wissen, was ein Sämann macht. Sie wissen auch, dass manchmal Samen auf den Weg fällt, in schlechte Erde oder unter die Dornen. Dieser Samen kann keine Frucht bringen.
Das Besondere an diesem Gleichnis ist, dass Jesus auf Wunsch der Jünger selbst erklärt, was es zu bedeuten hat:

Wiederum begann er, am See zu lehren, und sehr viel Volk sammelte sich um ihn, sodass er in ein Boot auf dem See stieg und sich niederließ, während das ganze Volk am Seeufer stand. Er lehrte sie viel in Gleichnissen. Bei seiner Belehrung sagte er zu ihnen: „Hört! Ein Sämann ging aus, um zu säen. Da gab es sich, dass beim Säen einiges auf den Weg fiel, und die Vögel kamen und fraßen es auf. Anderes fiel auf steinigen Grund, wo es nicht viel Erdreich hatte. Es schoss rasch auf, weil es kein tiefes Erdreich hatte. Als aber die Sonne aufging, wurde es versengt, und weil es keine Wurzel hatte, verdorrte es. Wieder anderes fiel unter die Dornen, und die Dornen wuchsen auf und erstickten es, und es brachte keine Frucht. Anderes schließlich fiel auf gutes Erdreich. Es ging auf und wuchs und brachte Frucht; es trug dreißigfach und sechzigfach und hundertfach."

Und er sprach: „Wer Ohren hat zu hören, der höre."

Als er allein war, fragten ihn die, die mit den Zwölf um ihn waren, nach dem Sinn der Gleichnisse. Da sagte er zu ihnen: „Euch ist das Geheimnis des Reiches Gottes gegeben. Jenen draußen aber wird alles in Gleichnissen zuteil, auf dass sie sehend sehen und doch nicht erkennen und hörend hören und doch nicht verstehen, damit sie nicht umkehren und ihnen nicht vergeben wird."

Und er sagte zu ihnen: „Versteht ihr dieses Gleichnis nicht? Wie wollt ihr da alle anderen Gleichnisse verstehen? Der Sämann sät das Wort. Die auf dem Weg aber, das sind die, bei denen das Wort zwar gesät wird, aber sobald sie es gehört haben, kommt gleich der Satan und nimmt das Wort, das in sie gesät war, weg. Entsprechend ebenso sind die, bei denen auf steinigem Grund gesät ist, jene, die das Wort, sobald sie es hören, mit Freuden aufnehmen; aber sie haben keine Wurzel, sondern sind Augenblicksmenschen. Sobald nachher Drangsal oder Verfolgung um des Wortes willen entsteht, kommen sie zu Fall. Bei anderen fällt das Wort in die Dornen; das sind jene, die das Wort gehört haben, aber die weltlichen Sorgen, der Trug des Reichtums und die Begierden nach anderen Dingen dringen ein und ersticken das Wort, und es bringt keine Frucht. Auf gutes Erdreich gesät ist bei jenen, die das Wort hören und aufnehmen und Frucht bringen, dreißigfach, sechzigfach und hundertfach."

Es gibt Menschen, die feiern gerne Gottesdienst, singen begeistert die Lieder in der Kirche und hören andächtig zu, wenn aus der Bibel vorgelesen wird. Aber im Alltag sind sie schwierige Leute – ohne Mitgefühl, ohne Geduld, ohne Nächstenliebe. Bei ihnen ist der Samen verdorrt.

Wie schön wäre es, wenn wir wären wie gutes Erdreich. Das Wort Gottes fällt in uns und bringt reiche Frucht. Dann können alle sehen: Wer auf Gott vertraut, lebt ein anderes Leben. Gelassen und menschenfreundlich.

2.
Luis in Not

Mit Karacho fährt Luis auf dem Skateboard den kleinen Weg hinab. Genau dort, wo er aus dem hellen Tageslicht in den Schatten der Bahnunterführung kommt, stoppt ihn abrupt der ausgestreckte Arm eines Jugendlichen. Luis stürzt hart zu Boden. Sein Skateboard rollt noch ein paar Meter weiter.

„Nicht so eilig, Kleiner", raunzt der Jugendliche mit einer unangenehmen Stimme.

Luis rappelt sich auf, bleibt aber auf dem Beton sitzen. Ihm tut vom Fallen alles weh. Und er hat einen Riesenschreck bekommen. Dennoch bittet er um Entschuldigung: „Sorry, ich habe dich nicht gesehen."

„Du Würmchen, du wagst es, mich zu duzen?" Der Jugendliche versetzt ihm einen Tritt. Luis muss vor Schmerz weinen. Der Jugendliche steht mit verschränkten Armen über ihm.

„Also, noch mal", fordert er. „Wie heißt das richtig?"

„Lassen Sie mich doch in Ruhe!", fleht Luis. „Ich habe Ihnen doch nichts getan."

Der Jugendliche schüttelt den Kopf: „Das ist beim Autofahren auch so: Wer zu schnell ist, wird bestraft. Du warst zu schnell, also muss ich dich bestrafen!"

„Aber Sie sind doch gar nicht von der Polizei", will Luis sich wehren, da tritt ihn der Jugendliche wieder.

„Halt die Klappe, Kleiner!", befiehlt er böse. „Und jetzt: Her mit deinem Handy!"

Luis schnappt nach Luft. Am liebsten würde er lügen und behaupten, er hätte gar keins, aber der Jugendliche droht mit der Faust, und Luis hat Angst vor einem weiteren Tritt. Also nimmt er sein Handy aus der vorderen Hosentasche und hält es dem Jugendlichen hin.

Der nimmt es und nickt: „Geht doch!" Er wendet sich zum Gehen, dreht sich dann aber noch einmal um und sagt drohend: „Bürschchen, du hast dein Handy *verloren*, hörst du! Solltest du

irgendjemandem etwas von unserer kleinen Begegnung erzählen, wirst du es bitter bereuen."
Dann grinst er dreckig und ist weg.
Luis lehnt sich an die Wand und heult, die verschränkten Arme vor dem Gesicht. Dieser fiese Kerl! So gemein! Tut ihm einfach weh, ohne Grund. Raubt ihm sein Handy. Luis kann es kaum fassen. Es ist wie ein böser Traum ... Er sitzt auf dem Boden, unfähig, etwas zu tun.
Da kommt jemand durch die Unterführung. Es ist Herr Bölke, der im Kirchenvorstand sitzt. Mit großen Schritten marschiert er durch den kleinen Tunnel. Er nimmt gar keine Notiz von dem weinenden Kind.
Aber da kommt schon der nächste Mensch des Weges, Frau Kleinschmidt. Die betet im Gottesdienst oft vor. Aber sie hat es eilig und zudem in beiden Händen Einkaufstaschen. Sie schaut den Jungen zwar voll Mitleid an, geht aber wortlos vorüber.
Und noch einer kommt daher, langsam, schlurfend. Ein Mann, der eine ziemlich schmutzige Jacke trägt und eine zerrissene Hose. Er zieht einen kleinen, quietschenden Bollerwagen hinter sich her, der vollgeladen ist mit Plastiktüten

und einem Schlafsack, der ziemlich streng riecht. Der Mann bleibt vor Luis stehen.

„Junge, was ist denn mit dir los?", fragt er freundlich.

Luis schluchzt und blinzelt durch die Arme den Mann an, offensichtlich ein Wohnsitzloser.

„War jemand böse zu dir?", fragt der Mann. Luis nickt nur.

„Ich bin der Max", sagt der Mann. „Und du?" Ganz leise antwortet Luis und sagt seinen Namen.

Max hält Luis die Hand hin. Luis zögert erst, greift dann aber zu und lässt sich hochziehen. Die beiden gehen zur Unterführung hinaus und setzen sich ins Gras der Böschung in die Sonne.

Max holt aus einer der Plastiktüten einen Schokoriegel heraus. „Der ist für Notfälle gedacht", sagt er. „Aber das ist ja wohl ein Notfall."

Erst traut sich Luis nicht richtig, aber dann nimmt er den Riegel, reißt die Verpackung auf und beißt hinein. Das tut gut und beruhigt die Nerven.

Max ermutigt ihn: „Magst du erzählen, was passiert ist?"

Luis berichtet stockend, was passiert ist.

„Damit musst du zur Polizei gehen", sagt Max.

„Ich würde sie ja rufen, aber ich habe kein Handy."

Dann bringt Max Luis nach Hause. Der Junge darf auf den Tüten im Bollerwagen sitzen. Das Skateboard passt auch noch drauf. Vor der Haustür verabschiedet sich Max: „Ich sage hier mal Tschüss."

Er zwinkert Luis noch einmal zu und zieht weiter.

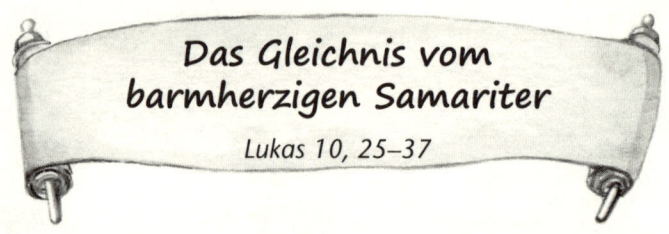

Das Gleichnis vom barmherzigen Samariter
Lukas 10, 25–37

Die Geschichte von Luis zeigt, dass wir Menschen manchmal so tun, als wüssten wir nicht, was wir tun sollen. Dabei wollen wir uns nur herausreden, weil wir zu bequem sind.

Einmal wandte sich ein kluger Mann an Jesus und fragte, wie man eigentlich richtig leben solle, um Gott zu gefallen. Jesus erklärte ihm, das wisse er doch schon selbst, nämlich: Gott und seinen Nächsten lieben. Da fragte der kluge Mann, wer denn der Nächste sei? Daraufhin erzählte Jesus das Gleichnis vom barmherzigen Samariter:

Ein Gesetzeslehrer trat auf, um ihn auf die Probe zu stellen, und sagte: „Meister, was muss ich tun, um das ewige Leben zu erlangen?" Er aber sagte zu ihm: „Was steht im Gesetz geschrieben? Was liest du dort?" Er antwortete: „Du sollst den Herrn, deinen Gott, lieben mit deinem ganzen Herzen und mit deiner ganzen Seele und mit deiner ganzen Kraft und mit deinem ganzen Denken und deinen Nächsten wie dich selbst." Da sagte er zu ihm: „Du hast richtig geantwortet: Handle danach und du wirst leben."

Er aber wollte sich rechtfertigen und sagte zu Jesus: „Und wer ist mein Nächster?" Jesus erwiderte: „Ein Mann ging von Jerusalem hinunter nach Jericho und fiel unter die Räuber. Sie plünderten ihn aus, schlugen ihn, machten sich davon und ließen ihn halb tot liegen. Zufällig ging ein Priester denselben Weg hinunter. Er sah ihn und ging vorüber. Ebenso kam ein Levit an der Stelle vorbei,

sah ihn und ging vorüber. Ein Samariter aber, der des Weges zog, kam in seine Nähe, sah ihn und wurde von Mitleid bewegt. Er ging zu ihm hin, goss Öl und Wein auf seine Wunden und verband sie. Dann setzte er ihn auf sein eigenes Lasttier, brachte ihn in eine Herberge und trug Sorge für ihn. Am nächsten Morgen zog er zwei Denare heraus, gab sie dem Wirt und sagte: ,Sorge für ihn und was du noch darüber aufwendest, werde ich dir erstatten, wenn ich wiederkomme.'
Wer von diesen dreien hat sich deiner Meinung nach als der Nächste dessen erwiesen, der unter die Räuber gefallen war?" Er antwortete: „Der, der Barmherzigkeit an ihm geübt hat." Da sagte Jesus zu ihm: „Geh und handle genauso."

Ein Mann wird von Räubern überfallen. Aber wer hilft ihm in seiner Not?
Nicht der Priester, der vorübergeht. Nicht der Levit, der ebenfalls ein Diener im Tempel ist. Es hilft erst die dritte Person, die vorbeikommt, der Samariter. Die Samariter galten aber für die Zuhörer von Jesus als Leute mit dem falschen Glauben.
Das Gleichnis will uns sagen, dass es nicht darauf ankommt, so zu tun, als ob wir gute Menschen wären. Es kommt nur darauf an, was wir wirklich tun. Niemand kann die ganze Welt retten, aber jeder kann etwas Gutes tun. Jesus dreht die Frage „Wer ist mein Nächster?" um: Wem kann ich der Nächste sein?

Die Christen sind nicht schon gut, weil sie Christen sind. Aber natürlich sind sie ebenso wenig schlechte Menschen, weil sie Christen sind. Es gibt eben gute und schlechte Menschen unter den Christen. Wie auch in allen anderen Religionen oder bei Leuten, die keine Religion haben.

In unserer modernen Geschichte war es Max, der Wohnsitzlose, der Luis geholfen hat. Also einer, der selbst Hilfe braucht. Jeder hat die Chance, einem anderen der Nächste zu sein – in der Familie, der Schule, der Nachbarschaft, in unserem Ort und überall auf der Welt, wo Menschen auf unsere Hilfe warten.

3.
Von Nederdüren nach Köln

Die E-Jugend vom „Turn- und Sportverein Nederdüren 05" macht einen Ausflug nach Köln. Am Samstagmorgen um halb zehn geht es los. Der Jugendtrainer Benjamin steht mit zwölf Kindern auf dem Bahnsteig. Alle warten auf Doro, Benjamins Freundin, die ihn bei der Betreuung an diesem Tag unterstützen soll. Doch fünf Minuten, bevor der Zug kommt, meldet sie sich per SMS bei Benjamin auf dem Handy krank.

„Ich denke, wir haben heute alle Handy-Verbot", beschwert sich Dschamal.

Aber Mia widerspricht: „Er braucht doch eines als Gruppenleiter!"

„Tja", seufzt Benjamin. „Eigentlich können wir jetzt gar nicht fahren, ohne weibliche Betreuungsperson."

Aber die Kinder rufen im Chor: „Wir wollen nach Köln! Wir wollen nach Köln!"

Benjamin wiegt den Kopf: „Dann müsst ihr mir aber versprechen, ganz besonders brav zu sein!"

Da kommt auch schon der Zug – und ab geht's in die große Stadt am Rhein.

Nach etwas mehr als einer Stunde erreicht die Gruppe Köln und erblickt als Erstes den mächtigen Dom mit seinen zwei Türmen. Der wird gleich mal besichtigt. In dem Gotteshaus ist es viel kühler als draußen und schummrig dunkel.

Die Kinder staunen, wie riesig dieses Bauwerk ist: hundertvierundvierzig Meter lang, viel länger als ein Fußballfeld!

Als alle wieder draußen sind, haben sie Hunger und Durst. Benjamin lädt die ganze Gruppe im Namen des Vereins in einen Schnellimbiss ein. Jeder darf sich ein Gericht aussuchen.

„Wie geht es jetzt weiter?", fragt Tim kauend.

Benjamin erklärt: „Zunächst geht's ins Schokoladenmuseum!"

Die Kinder jubeln, nur Isabel mault: „Ich mag

keine Schokolade, ich mag nur Gummibärchen."

„Du musst sie ja nicht essen. Du kannst dir aber ansehen, wie sie hergestellt wird", antwortet Benjamin. „In einem Gewächshaus könnt ihr gleich tropische Pflanzen bestaunen. Am besten aber sind die Maschinen, mit denen die Kakaobohnen zu Schokolade verarbeitet werden. Also, weiter geht's."
Vorher schickt Benjamin alle Kinder noch einmal zur Toilette.
Zum Museum wandert die kleine Gruppe etwa zwanzig Minuten. Benjamin schließt dort die Jacken und Rucksäcke der Kinder in einen Schrank ein. Dann kauft er die Eintrittskarten: „Zwölf Kinder und ein Betreuer!"
Die Frau hinterm Schalter druckt die Karten aus, Benjamin verteilt sie an die Kinder – und behält eine übrig! Er ruft die Kinder zusammen, aber die drängeln, weil sie endlich in die Ausstellung wollen.
Doch Benjamins Stimme wird laut und scharf: „Kommt jetzt sofort her!"
„Was ist denn?", fragt Lukas überrascht, weil Benjamin sonst doch ein ganz netter Typ ist.

Aber der Gruppenleiter fragt beunruhigt: „Wer hat noch keine Karte? Wer eine hat, hochhalten!"
Alle Kinder halten ihre Karten in die Höhe.
Benjamin befiehlt: „Bleibt mal alle so stehen, genau da, wo ihr jetzt seid."
Er zählt die Kinder durch und kommt auf elf.
Benjamin wird blass: „Oh nein, wir haben jemanden verloren! Wer fehlt?"
Die Kinder kichern aufgeregt, da fällt es Maike auf: „Die Henriette ist weg!"
Benjamin fasst sich an den Kopf. „Das darf doch nicht wahr sein!"
Es ist aber wahr, und Benjamin überlegt, was jetzt zu tun ist. Kein Kind durfte sein Handy mitnehmen, auch Henriette hat keines bei sich.
Muss man die Polizei anrufen? Henriettes Mutter benachrichtigen?
Erst einmal will er zurück in den Schnellimbiss. Dafür muss er aber die anderen Kinder im Museum zurücklassen.
Er gibt folgende Anweisung: „Ich gehe Henriette suchen. Ihr rührt euch hier nicht vom Fleck, hört ihr! Ihr wartet hier in der Halle vor dem Eingang. Bleibt alle zusammen und reißt die Bude nicht ab!"

Die elf Kinder setzen sich brav auf die Bänke, die da stehen.

Benjamin rennt den Weg zurück zum Imbiss, tritt an roten Fußgängerampeln ungeduldig von einem Fuß auf den anderen, spurtet bei Grün wieder los, rempelt ab und zu einen anderen Fußgänger an, ruft „Entschuldigung!", kommt zum Imbiss und stürzt hinein.

Da sitzt das Mädchen ganz alleine, wo vor einer halben Stunde noch die ganze Gruppe gesessen hat.

„Mensch, Henriette, was war denn los?", keucht Benjamin.

Henriette blickt auf. „Endlich kommst du!", ruft sie erfreut. „Ich wollte mir noch schnell ein Eis kaufen. Und dann wart ihr schon weg!"

„Es tut mir so leid!", bittet Benjamin um Verzeihung. „Ich habe wirklich vergessen, euch noch mal abzuzählen, ehe wir losgezogen sind."

Henriette schüttelt den Kopf: „Nein, ich muss mich entschuldigen. Ich habe das Eis gekauft, nachdem du durchgezählt hast. Aber dann wusste ich nicht, wo es langgeht. Da dachte ich, ich warte hier besser auf euch."

Benjamin klopft ihr auf die Schulter.

„Das hast du ganz richtig gemacht!", lobt er das Mädchen. „Komm, nun lass uns zu den anderen gehen!"
Am Schokoladenmuseum sehen die anderen Kinder Benjamin und Henriette kommen und laufen ihnen entgegen.

Benjamin ruft: „Kinder, Henriette ist wieder da! Jetzt gehen wir erst einmal ins Museum. Wenn wir fertig sind, gebe ich zur Feier des Tages jedem Kind einen Kölner Dom aus Schokolade aus!"

Da öffnet Isabel den Mund, doch bevor sie etwas sagen kann, zeigt Benjamin auf sie und sagt: „Nur die Isabel bekommt eine Tüte Gummibärchen."

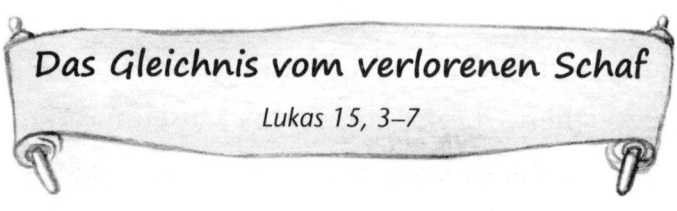

Das Gleichnis vom verlorenen Schaf
Lukas 15, 3–7

Jesus erzählt den Menschen ein Gleichnis von einer Schafherde. Damit will er nicht sagen, dass die Menschen so dumm wie Schafe sind. Nein, seine Geschichte drückt etwas anderes aus: Wie Schafe ihre Herde brauchen, so brauchen die Menschen die Gemeinschaft untereinander und die Gemeinschaft mit Gott. Wer diese Gemeinschaft verlassen hat, irrt umher wie ein verlorenes Schaf.

Da sagte er ihnen dieses Gleichnis: „Wer von euch, der hundert Schafe hat und eines von ihnen verliert, lässt nicht die neunundneunzig in der Wüste und geht dem verlorenen nach, bis er es findet? Und wenn er es gefunden hat, nimmt er es voll Freude auf seine Schultern, und wenn er nach Hause kommt, ruft er seine Freunde und Nachbarn zusammen und sagt zu ihnen: ‚Freut euch mit mir; denn ich habe mein Schaf gefunden, das verloren war.' Ich sage euch: Ebenso wird im Himmel mehr Freude sein über einen einzigen Sünder,

der umkehrt, als über neunundneunzig Gerechte, die der Umkehr nicht bedürfen."

Jetzt könnte man fragen: Ist das denn in Ordnung, neunundneunzig Schafe wegen eines einzelnen allein zu lassen? Das würde ein normaler Hirte wohl nicht machen. Aber Gott ist ein anderer Hirte! Ihm ist jeder Mensch wichtig und wertvoll. Gott sucht jeden Menschen, der vom Weg abgekommen ist. Er freut sich über jeden, der zur Gemeinschaft zurückfindet.

4.
Die Kandidaten

In der Stadt Dickelborn soll am nächsten Sonntag ein neuer Bürgermeister gewählt werden. Willi Weiß und Sören Schwarz bewerben sich um den Posten.

Bei einer Versammlung am Mittwoch vor der Wahl sitzen die beiden Kandidaten auf der Bühne des Bürgerhauses. Sie stellen sich den Fragen der Leute aus ihrem Ort. Soll zum Beispiel das Schwimmbad umgebaut werden? Wie kann man den Lärmschutz verbessern? Wird die Bücherei geöffnet bleiben, auch wenn Dickelborn jedes Jahr weniger Geld zur Verfügung hat? Und so weiter.

Die Kandidaten beantworten abwechselnd die

Fragen und versprechen, ihr Bestes zu tun. Jeder hat viele Ideen und fantasievolle Vorschläge, was man alles in Dickelborn zum Guten verändern kann – wenn man *ihn* wählt und nicht den Gegner!

„Wer Willi Weiß wählt", sagt Willi Weiß, „der wählt den besseren Bürgermeister!"

Und Sören Schwarz behauptet: „Wer mich wählt, wählt die Zukunft!"

Da steht Frau Drexler auf und bittet, eine Frage stellen zu dürfen. Beide Kandidaten nicken aufmunternd. Ob es auch eine persönliche Frage sein dürfe, will Frau Drexler wissen.

„Natürlich", sagt Willi Weiß.

Auch Sören Schwarz sagt: „Selbstverständlich."

Frau Drexler dankt und bittet die beiden Männer, etwas zu ihrem Glauben zu sagen.

Willi Weiß antwortet als Erster: „Der Glaube ist mir sehr wichtig. Er ist das Wichtigste in meinem Leben. Ich gehe jeden Sonntag zur Kirche, und mittags beten wir bei uns zu Hause ein Tischgebet vor dem Essen. Das mache ich schon seit meiner Kindheit so. Zu Weihnachten, das darf ich wohl erwähnen, spende ich eine beachtliche Summe Geld für Hilfsorganisationen."

Dann sieht er grinsend zu seinem Gegner Sören Schwarz hinüber: „Übrigens bin ich glücklich verheiratet und nicht geschieden wie Herr Schwarz. Und ich habe auch noch nie wie er eine Strafe bezahlen müssen, weil ich rücksichtslos auf dem Gehweg geparkt habe. Ob übrigens die Kinder von Herrn Schwarz getauft

sind, weiß ich gar nicht, aber er wird uns jetzt bestimmt etwas dazu sagen." Dann übergibt er das Mikrophon an Sören Schwarz.

Der räuspert sich erst und spricht dann leiser als sein Mitbewerber: „Ich bin nicht perfekt, das weiß ich wohl. Ich vertraue auf Gott, dass er mich trotzdem liebt, so wie ich bin. Dass er mich annimmt. Mehr kann ich dazu nicht sagen."

Für einen Augenblick ist es ganz still im Bürgerhaus.

Dann aber steht Frau Drexler auf und klatscht. Viele andere stimmen mit ein, stehen auch auf, und es gibt donnernden Applaus für Sören Schwarz.

Der dann übrigens am Wahlsonntag mit großer Mehrheit von den Bürgerinnen und Bürgern zum Bürgermeister der Stadt Dickelborn gewählt wird.

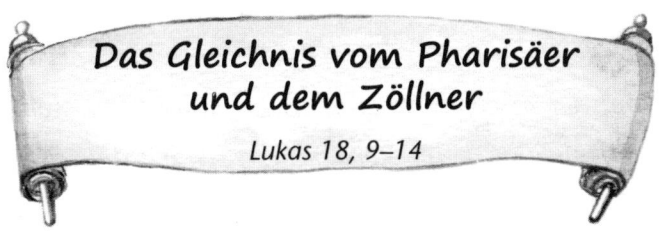

Das Gleichnis vom Pharisäer und dem Zöllner

Lukas 18, 9–14

Es ist doch wunderbar, wenn jemand ein guter und gläubiger Mensch ist – wie Willi Weiß aus unserer Geschichte. Aber warum muss er deswegen so tun, als wäre er besser als die anderen? Mit solchen Leuten hatte schon Jesus seine Schwierigkeiten. Manchmal verachten die Frommen die anderen und treten selbstgerecht auf, als wären sie vollkommen. Diesen Hochmut kritisiert Jesus mit dem Gleichnis vom Pharisäer und dem Zöllner. Die Pharisäer waren damals eine Gemeinschaft von Menschen, die den Glauben sehr ernst nahmen. Die Zöllner mochte man nicht, weil sie von den Leuten Gebühren verlangten – und man konnte davon ausgehen, dass sie sich dabei auch selbst bereicherten:

Einigen, die sich selbstsicher für gerecht hielten und die Übrigen verachteten, erzählte er dieses Gleichnis: Zwei Menschen gingen hinauf in den

Tempel, um zu beten: Der eine war ein Pharisäer und der andere ein Zöllner. Der Pharisäer stellte sich auf und betete leise so: „Gott, ich danke dir, dass ich nicht bin wie die übrigen Menschen: Räuber, Ungerechte, Ehebrecher, auch nicht wie dieser Zöllner da. Ich faste zweimal in der Woche und ich gebe den Zehnten von allen meinen Einkünften." Der Zöllner aber stand weit entfernt und wollte nicht einmal die Augen zum Himmel erheben, sondern schlug an seine Brust und betete: „Gott, sei mir Sünder gnädig!"

Ich sage euch: Dieser ging gerechtfertigt nach Hause, im Gegensatz zu jenem. Denn jeder, der sich selbst erhöht, wird erniedrigt, wer sich selbst aber erniedrigt, wird erhöht werden.

Die moderne und die biblische Geschichte wollen uns zeigen: Kein Mensch ist perfekt! Jeder hat Fehler und Schwächen. Wir alle sind darauf angewiesen, dass uns andere verzeihen und sich mit uns versöhnen. Niemand hat Grund, sich für etwas Besseres zu halten. Wir brauchen keinem etwas vormachen, schon gar nicht Gott.

5.
Moritz und die Mail

Sie sitzt im Rollstuhl, weil sie nicht gehen kann. Die linke Hand hält sie seltsam abgeknickt. Die rechte Hand bewegt sich oft ruckartig, wenn sie spricht. Leonie ist zwar körperlich behindert, aber geistig vollkommen klar. Nur wenn sie spricht, klingt das für ungeübte Ohren etwas undeutlich. Aber ihr Bruder Moritz versteht sie prima. Moritz ist zehn, zwei Jahre älter als Leonie.

Die Mutter schickt Moritz zum Bioladen, ein Vollkornbrot zu kaufen. Erst mault er, weil er keine Lust hat. Dann will er sich aber rasch auf den Weg machen. Da bittet die Mutter ihn, seine Schwester mitzunehmen: „Leonie muss noch mal an die frische Luft. Nimm sie doch mit."

„Aber Mama", wehrt Moritz ab. „Dann dauert es doch noch länger."

Die Mutter versucht, ihn zu überreden: „Du darfst euch auch eine Hefeschnecke kaufen."

Da willigt Moritz ein.

Er schiebt seine Schwester erst durch die Wohnstraße, dann durch die Fußgängerzone. Im Bioladen kauft er die Sachen. Die Hefeschnecken teilt er gerecht mit seiner kleinen Schwester.

Essend geht es zurück nach Hause. Da dreht sich Leonie zu ihm um, so weit sie kann, und sagt: „Ich muss mal."

Die beiden Kinder befinden sich auf dem Gehweg direkt vor dem Eingang zum Restaurant „Rosenhof". Also ändert Moritz die Fahrtrichtung, wuchtet den Rollstuhl geschickt die Eingangsstufe hinauf, und die beiden kommen ins Gasthaus.

Da eilt ihnen ein Kellner im schwarzen Frack entgegen. „Ja, bitte?", fragt er vornehm.

„Meine Schwester muss mal", antwortet Moritz.

Der Kellner schüttelt den Kopf. „Ich bedaure, das geht nicht."

„Warum?" Moritz versteht nicht, warum das nicht gehen soll. Er sieht den Mann fragend an.

Doch der Kellner breitet die Arme aus wie ein Polizist, der den Verkehr anhalten will, und sagt abwehrend: „Auf Wiedersehen."

„Auf Nimmerwiedersehen", zischt Moritz wütend und schiebt Leonie wieder hinaus. „So eine Gemeinheit!", schimpft er. Und dann fragt er Leonie sanft: „Schaffst du es noch bis zu Hause?" Sie nickt.

Daheim erzählt Moritz der Mutter von dem Erlebnis. Sein Zorn ist noch gewachsen.

„Der hat uns glatt rausgeschmissen!"

„Wahrscheinlich haben die ganz einfach keine Behindertentoilette", versucht seine Mutter ihn zu besänftigen. „Wo gibt's die denn schon? Im ‚Löwen' und im ‚Goldenen Engel' haben sie doch auch keine."

„Das wäre schon schlimm genug! Da muss sich was ändern!"

In Moritz rumort es. Er beschließt: „Ich schreibe an die Zeitung und beschwere mich!"

Seine Mutter stimmt ihm zu: „Prima Idee. Aber du solltest eine Nacht darüber schlafen."

Das tut Moritz, doch am nächsten Tag ist seine Empörung keineswegs verflogen. Er setzt sich hin und schreibt: „Das ist gemein! Wenn man behindert ist, darf man wohl in unserer Stadt nicht müssen! Meine kleine Schwester Leonie ist acht und sitzt im Rollstuhl. Im ‚Rosenhof' hat man uns rausgeworfen, obwohl sie dringend musste. Ich finde, das muss sich ändern! Wir brauchen mehr Behindertentoiletten. Und zwar dringend. Moritz, zehn Jahre."

Die Mutter liest den Brief und findet ihn gut.

Nur das Wort „rausgeworfen" scheint ihr zu hart: „Der hat euch doch eher gar nicht reingelassen."

Moritz zieht die Stirn kraus und sagt: „Das ‚rausgeworfen' bleibt!"

Er schickt den Brief per E-Mail an die Redaktion der Zeitung. In dem Moment, als er auf „Senden" geklickt hat, wird ihm doch etwas mulmig, aber zu spät – nun ist die Mail schon unterwegs.

Die Zeitung ruft am nächsten Tag an und möchte mit Moritz ein Interview machen. Seine Mutter ist einverstanden. Dann kommt eine nette junge Frau zu ihnen nach Hause und lässt sich von Moritz und Leonie die ganze Geschichte noch einmal erzählen. Außerdem macht sie ein Foto von den beiden. Der Artikel in der Zeitung am kommenden Samstag trägt den Titel „Zehnjähriger setzt sich für Behinderte ein".

Dieser Zeitungsbeitrag bewirkt, dass fast hundert Menschen Leserbriefe schreiben. Darunter viele Behinderte, die Moritz zustimmen.

Dann meldet sich eine weitere Zeitung, die die Geschichte ebenfalls bringt. Als ein Rundfunksender einen Beitrag über Moritz und seine

Schwester machen will, meint die Mutter, dass nun aber Schluss sein müsse!

Aus dem Rathaus erhält Moritz eine Stellungnahme der Stadtverwaltung: Die Stadt wolle nun – angeregt durch Moritz' Protest – einen „Behinderten-Stadtplan" ausarbeiten. Darin sollen alle Behindertentoiletten verzeichnet sein. Und die Gaststätten, die noch keine hätten, würden schriftlich aufgefordert, welche einzubauen.

Der „Rosenhof" schickt zur Entschuldigung einen großen Rosenstrauß und einen Teddy für Leonie und lädt die ganze Familie zu einem kostenlosen Mittagessen ein.

„Du hast einen Stein ins Rollen gebracht", meint Moritz' Vater. „Ich bin stolz auf dich!"

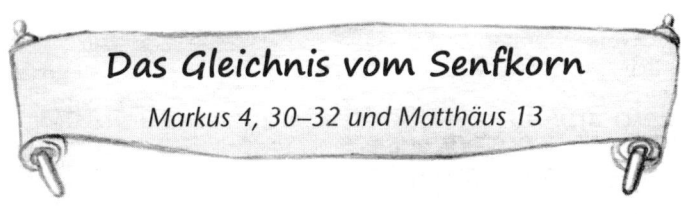

Das Gleichnis vom Senfkorn
Markus 4, 30–32 und Matthäus 13

Nur ein paar Zeilen hat Moritz an die Zeitung geschickt, aber die haben viel bewirkt. Die Protestaktion hat eine Veränderung angestoßen. Aus Kleinem kann Großes werden. Manches beginnt klein und unauffällig, wächst aber dann mächtig heran. Dazu erzählt Jesus das Gleichnis vom Senfkorn.

Er sprach: „Womit sollen wir das Reich Gottes vergleichen oder in welchem Gleichnis sollen wir es darstellen? Wie mit einem Senfkorn ist es, das, wenn es in die Erde gesät wird, das kleinste von allen Samenkörnern auf der Erde ist. Wenn es aber gesät ist, geht es auf und wird größer als alle Gartengewächse und treibt große Zweige, sodass in seinem Schatten die Vögel des Himmels nisten können."

Es gibt verschiedene Senfpflanzen. Manche werden bis zu drei Meter hoch! Ihre Samen aber sind ganz klein, so klein wie ein Stecknadelkopf.

Viele großartige Sachen haben einmal ganz klein angefangen. So ist es auch mit dem Reich Gottes: Es wächst und wächst und ist nicht aufzuhalten.

6.
Heimkehr

„Meiers Marmelade mundet wie bei Mutti!" So wirbt seit fast hundert Jahren die Familie Meier und Sohn für ihre Marmelade. Heute ist Friedrich Meier der Direktor der Firma. Sein Urgroßvater hat die Fabrik gegründet, dann hat sie der Großvater weitergeführt, danach der Vater. Nun ist Friedrich Meier Chef von vielen Dutzend Menschen, die in der Fabrik arbeiten. Und er wünscht sich sehr, dass seine beiden Söhne Ernst und Felix die Firma weiterführen, wenn er einmal alt geworden ist.

Doch an seinem achtzehnten Geburtstag geht Felix, der jüngere der beiden Söhne, in das Büro von Herrn Meier und sagt: „Papa! Ich bin jetzt erwachsen. Was ich mal in meinem Leben machen werde, das weiß ich noch nicht. Aber eines weiß ich ganz genau: Ich will nicht den Rest meines Lebens in der Marmeladenfabrik verbringen! Ich muss hier weg! Gib mir bitte meinen Anteil vom Erbe."

Das macht Herrn Meier traurig. Doch er nickt zustimmend. „Wie du willst, Felix. Ich brauche drei Tage, um alles zu organisieren."

Und nach drei Tagen drückt Herr Meier Felix ein dickes Bündel Geldscheine und eine goldene Kreditkarte in die Hand. Den Rest des Erbes hat er seinem Sohn auf sein Konto überwiesen.

Felix ruft sich ein Taxi, lässt sich zum Flughafen fahren und fliegt mit dem nächsten Flugzeug nach Spanien ans Meer. Er mietet sich in einem teuren Hotel ein Zimmer – und macht Party! Weil er großzügig andere Leute zum Essen oder an der Bar einlädt, hat er schnell viele neue Freunde gefunden. Alle scharen sich um Felix! Sie machen die Nacht zum Tag, tanzen, trinken

Bier und Wein und lassen es sich gut gehen. Felix zahlt für alle.
Felix kauft sich eine Ferienwohnung. Felix kauft sich ein neues Handy und wirft die alte Telefonnummer weg. Felix kauft sich ein Auto, das er bereits nach einer Woche zu Schrott fährt. Felix spendiert seinen Freundinnen großzügig neue Kleider und Schuhe, Handtaschen und Schmuck. Die Jungs aus der Gruppe lädt er ins Stadion zu Fußballspielen von Spitzen-Clubs ein und bucht die besten Plätze.
Die Sonne scheint jeden Tag, das ganze Leben scheint ein rauschendes Fest zu sein. Doch als Felix wieder einmal zur Bank geht, um sich Geld aus dem Automaten zu ziehen, da erscheint auf dem Bildschirm der Hinweis: „Ihr Konto ist leer."
Verstört geht Felix zurück in seine Wohnung. Dort warten schon seine Freunde auf ihn. Einer sagt: „Felix, mein Freund, ich habe meinen Job verloren. Kannst du mir mal eben Geld leihen?"
Bevor Felix etwas antworten kann, klagt ein anderer: „Felix, du allein kannst mir helfen, denn ich musste meinen Laden schließen. Ich bin knapp bei Kasse, aber du wirst mich doch

unterstützen, damit ich mein Auto abzahlen kann, oder?"

Felix blickt in die Runde und hält allen seine offenen, leeren Hände hin: „Amigos, nichts zu machen, ich bin pleite!"

Da verabschieden sich alle ganz schnell, und Felix sieht sie nie wieder.

Felix verkauft seine Ferienwohnung, aber er bekommt dafür nur einen Bruchteil des Preises, den er selbst dafür bezahlt hat. Er zieht in ein schäbiges Zimmer. Aber alles wird teurer und sein restliches Geld schmilzt wie Eiscreme in der Sonne.

„Ich muss arbeiten gehen", denkt er sich endlich. Aber er hat überhaupt nichts gelernt. Schließlich versucht er, als Aushilfe etwas zu verdienen. Ein Restaurant stellt ihn in der Spülküche ein. Die Bezahlung ist miserabel. Felix muss die Essensreste von den Tellern in den Schweinefutterkübel kratzen und das Geschirr in die Spülmaschine stellen. Er hat so großen Hunger, dass er von dem isst, was die Gäste auf den Tellern zurückgelassen haben. Wenn es niemand bemerkt, stopft er rasch mit den Fingern eine halbe Bratenscheibe in den Mund, eine Handvoll kalter Pommes, ein trockenes Brötchen.

Als er nachts in seinem durchgelegenen Bett liegt, muss er weinen. Ihm wird klar: „Keinem Arbeiter meines Vaters geht es so schlecht wie mir. Ich muss nach Hause." Dieser Entschluss fällt ihm nicht leicht, denn er schämt sich, zurückzukehren und zu gestehen, dass er sein Vermögen verschwendet hat. Mit seinem letzten Geld kauft er sich ein Ticket zurück nach Deutschland.

Per Anhalter kommt er in seine Heimatstadt. Die letzten drei Kilometer geht er über die Landstraße zu Fuß. Schon von Weitem kann er die Fabrik sehen und die Werbung auf dem Dach: „Meiers Marmelade mundet wie bei Mutti!"

Als er das Fabrikgelände betritt, kommt ihm jemand entgegengelaufen, mit ausgebreiteten Armen: sein Vater! Er umarmt Felix und küsst ihn.

Felix senkt den Kopf und schluchzt: „Papa, es tut mir so leid! Ich habe alles Geld auf den Kopf gehauen, alles verputzt, ich war so blöd! Ich bin völlig pleite. Und da dachte ich, vielleicht kann ich bei dir arbeiten, um Geld zu verdienen. Behandle mich wie einen deiner Arbeiter."

Im Fabrikhof versammeln sich ganz aufgeregt die Mitarbeiterinnen und Mitarbeiter, denn alle hier kennen die Geschichte von Herrn Meiers Sohn, der eines Tages einfach abgehauen ist und sich monatelang nicht gemeldet hat.

Herr Meier ruft ganz aufgeregt: „Leute, für heute machen wir Feierabend. Stellt die Maschinen ab. Ich bestelle Pizza für alle, und dann wollen wir feiern. Mein Sohn war so gut wie tot! Aber nun lebt er wieder!"
Da klatschen und jubeln alle!
Felix darf erst einmal duschen und bekommt von seinem Vater einen sauberen Anzug. Dann wird die Pizza geliefert, und alle Mitarbeiter der Marmeladenfabrik Meier sammeln sich in der Kantine, Musik kommt aus den Lautsprechern – es wird ordentlich gefeiert!
Da kommt Ernst, der ältere der beiden Meier-Söhne, von einer Geschäftsreise zurück. Er fährt in den Hof des Fabrikgeländes und wundert sich, dass kein Betrieb herrscht, dafür aber Musik aus der Kantine ertönt.
Er ruft einen Arbeiter, der gerade über den Hof geht: „Hey, was ist denn hier los?"
„Ihr Bruder ist zurückgekommen, Herr Meier", erklärt der Mann. „Da hat Ihr Vater beschlossen, zur Feier des Tages die Arbeit einzustellen – und er hat Pizza bestellt für alle! Ist das nicht spitze!"
Aber Ernst findet das gar nicht spitze. Er bittet

den Arbeiter, seinen Vater aus der Kantine zu holen.

Als Herr Meier nach draußen kommt, überschüttet Ernst ihn mit Vorwürfen: „Höre ich richtig? Für diesen Versager lässt du die Produktion stoppen? Weil dieser Hallodri zurück ist, gibst du für die ganze Belegschaft einen aus? Ich fasse es nicht! Er verprasst das Geld, das wir mühsam erarbeitet haben. Und dafür wird er jetzt noch belohnt, oder was? Ich arbeite seit Jahren treu für dich. Du hast dich immer auf mich verlassen können. Aber wenn ich mal mit meinen Freunden gefeiert habe, dann hast du uns keine Pizza ausgegeben." Ernst ist vor Wut ganz rot im Gesicht.

Herr Meier legt ihm beschwichtigend die Hand auf die Schulter: „Aber Ernst! Alles hier gehört doch dir. Felix jedoch war spurlos verschwunden! Wie tot! Wir wussten nicht, ob wir ihn jemals wiedersehen würden. Nun ist er wieder da! Er lebt! Komm mit hinein und begrüße deinen Bruder. Wir wollen uns gemeinsam freuen!"

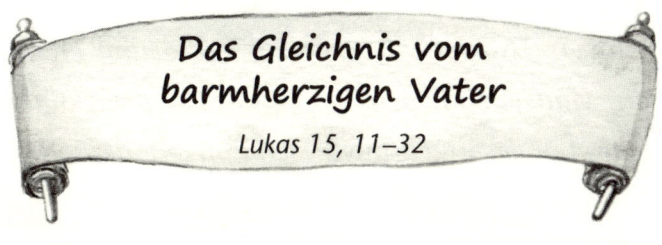

Das Gleichnis vom barmherzigen Vater
Lukas 15, 11–32

Das Gleichnis, von dem hier die Rede ist, nannte man früher das „Gleichnis vom verlorenen Sohn". Heute nennen wir es das „Gleichnis vom barmherzigen Vater". Denn nicht, dass einer verloren war, ist entscheidend. Sondern dass er „barmherzig", also aus Mitleid, Güte, Liebe und mit vollem Herzen, wieder aufgenommen wurde. Darauf kommt es an. Jesus erzählt hierzu eine ausführliche Geschichte, die wir auch nach zweitausend Jahren noch sehr gut verstehen können:

Ein Mann hatte zwei Söhne. Der jüngere von ihnen sagte zum Vater: „Vater, gib mir den Anteil des Vermögens, der mir zukommt." Da teilte er den Besitz unter sie auf. Wenige Tage darauf packte der jüngere Sohn alles zusammen, zog fort in ein fernes Land und vergeudete dort sein Vermögen durch ein verschwenderisches Leben. Nachdem er alles durchgebracht hatte, kam eine schwere Hungersnot über das Land und er fing an, Mangel zu leiden. Da ging er zu einem Bürger jenes Landes und drängte sich ihm auf; der schickte ihn auf seine Felder zum Schweinehüten. Gerne hätte er sich den Magen mit den Schoten gefüllt, die die Schweine fraßen, aber niemand gab sie ihm. Da ging er in sich und sagte: „Wie viele Taglöhner meines Vaters haben Brot im Überfluss, ich aber komme hier vor Hunger um. Ich will mich aufmachen und zu meinem Vater gehen und zu ihm sagen: ‚Vater, ich habe gesündigt gegen den Himmel und vor dir. Ich bin nicht mehr wert, dein Sohn zu heißen; halte mich wie einen von deinen Taglöhnern.'" Dann machte er sich auf und ging zu seinem Vater. Sein Vater sah ihn schon von Weitem kommen, wurde von Mitleid bewegt, lief herbei, fiel ihm um den Hals und küsste ihn. Da sagte der Sohn zu ihm: „Vater, ich habe gegen den Himmel und gegen dich gesündigt; ich bin nicht mehr wert, dein Sohn zu heißen." Der Vater aber sagte zu seinen Knechten: „Holt schnell das beste Kleid heraus und zieht es ihm an und gebt ihm einen Ring an die Hand und Schuhe an die Füße! Holt das Mastkalb und schlachtet es! Wir wollen essen und fröhlich sein;

denn dieser mein Sohn war tot und lebt wieder; er war verloren und ist wieder gefunden worden." Und sie begannen, ein Freudenfest zu feiern.
Sein älterer Sohn aber war auf dem Feld. Als er kam und sich dem Haus näherte, hörte er Musik und Tanz. Da rief er einen der Knechte herbei und fragte, was das sei. Der aber sagte ihm: „Dein Bruder ist gekommen und dein Vater hat das Mastkalb geschlachtet, weil er ihn gesund wiedererhalten hat." Da wurde er zornig und wollte nicht hineingehen. Doch sein Vater kam heraus und redete ihm zu. Er aber gab dem Vater zur Antwort: „So viele Jahre diene ich dir und habe nie dein Gebot übertreten; mir aber hast du nie auch nur einen Bock gegeben, damit ich mit meinen Freunden feiern konnte. Jetzt aber, als dieser dein Sohn gekommen ist, der dein Vermögen mit Dirnen verprasst hat, hast du ihm das Mastkalb geschlachtet." Er aber sagte zu ihm: „Sohn, du bist allezeit bei mir und alles, was mein ist, ist dein. Feiern aber und uns freuen müssen wir; denn dein Bruder war tot und lebt wieder, er war verloren und ist wiedergefunden worden."

Der Vater nimmt seinen jüngeren Sohn wieder mit offenen Armen auf, obwohl der ziemlichen Unsinn angestellt hat. Doch weil er zurückkommt, wird er herzlich begrüßt. Was passiert ist, zählt nicht mehr. Jesus erklärt den Menschen: Gott ist wie dieser gute Vater. Auch wenn du dich weit von Gott entfernt hast, du kannst immer und jederzeit zurückkommen. Gott wird dich wieder in seine Arme nehmen. Er freut sich über jeden, der sich ihm zuwendet.

Da ist im Gleichnis aber auch noch der ältere Bruder. Der ist gekränkt. Kann man das nicht irgendwie verstehen? So zuverlässig ist er gewesen all die Jahre. Hat alles getan, was man von ihm erwartet hat. Er gönnt dem Ausreißer nicht, dass er wieder herzlich aufgenommen wird.

Auch in unserem Glauben gibt es Menschen, die stets treu sind. Die sich immer bemühen, die Gebote einzuhalten. Die regelmäßig zur Kirche gehen. Die können schon auch mal irritiert und beleidigt sein, weil Gott genauso und ohne Unterschied zu denen Ja sagt, die sich lange gar nicht für ihn interessiert haben.

Das aber will dieses Gleichnis sagen:

Wir können bei Gott keine Vorrechte erwerben. Wer schon mit Gott lebt, der ist ja nicht allein. Der sollte sich freuen, wenn auch andere zu Gott heimkehren, Menschen, die vorher nichts von ihm wissen wollten.

7.
Wie ungerecht!

In Obernussbach kennt jeder jeden. Und so kennt buchstäblich jedes Kind im Dorf Oma Mathilde. Die alte Frau lebt in einem kleinen Haus neben der Kirche. Dieses Haus ist umgeben von einem bunten, wuchernden Garten mit Obstbäumen und Gemüsebeeten.

Die Kinder von Obernussbach spielen gern auf dem Rasen, der die Kirche des Ortes umgibt. Und wenn Oma Mathilde in ihrem Garten arbeitet, dann winken die Kinder und die Oma einander zu.

Auch an diesem Samstag im Juli ist Oma Mathilde in ihrem Garten beschäftigt. Die Kinder kicken auf der Kirchenwiese. Aber dann vergeht ihnen der Spaß daran, und sie setzen sich in den Schatten eines Baumes. Bald schon überkommt sie Langeweile.

Da ruft Oma Mathilde über den Zaun: „Wer von euch will mir denn ein wenig helfen?" Sie sieht auf die Kirchturmuhr. „Jetzt ist es drei Uhr. Wer mir drei Stunden hilft, bekommt heute Abend drei Kugeln Eis!"

Rebekka, Mia, Sarah und Luis springen sofort auf. Die anderen Kinder haben keine Lust und bleiben sitzen.

Oma Mathilde gibt denen, die zu ihr in den Garten gekommen sind, Anweisungen: Himbeeren pflücken, Tomaten ernten, Unkraut jäten.

Gegen vier Uhr schaut Oma Mathilde noch einmal über den Zaun: „Na, möchte denn jetzt noch jemand von euch rüberkommen und helfen?"

Elisa findet das Nichtstun blöd und geht hinüber. Und Paul überredet auch Milan, mitzukommen. Für diese drei findet Oma Mathilde weitere Aufgaben: die alte Holzbank putzen, Wicken aus dem Zaun entfernen und Zweige einsammeln, die auf der Wiese herumliegen.

Und auch gegen fünf Uhr stellt sich Mathilde

noch einmal an den Zaun: „Lilly, Emil, Erik – was ist denn mit euch? Ihr tippt da ewig auf euren Handys herum. Aber könnt ihr denn auch Moos zwischen den Steinplatten wegmachen?"
Da gehen die letzten drei Kinder zu den anderen in den Garten und helfen mit.
Als die Kirchturmuhr sechsmal schlägt, klatscht Oma Mathilde in die Hände: „So, ihr fleißigen Helfer, nun kommt alle an den Tisch!"
Der ist wunderschön gedeckt – mit einer bunten Papierserviette für jedes Kind und einem kleinen Löffel. Außerdem steht da eine Schüssel mit Himbeeren und eine mit Sahne. Alle freuen sich auf dieses süße Festessen.
Vor Oma Mathilde stehen drei große Plastikpackungen mit Eis in den Sorten Schokolade, Vanille und Maracuja. „Also", sagt sie, „fangen wir mit Lilly, Emil und Erik an."
Das sind die drei, die als Letzte gekommen sind. Und Oma Mathilde gibt jedem von ihnen drei Kugeln Eis ins Schälchen, von jeder Sorte eine. Auch Elisa, Paul und Milan erhalten die gleiche Portion: drei Kugeln Eis. Schließlich sind die vier Kinder dran, die als sich als Erste gemeldet

haben, um im Garten zu helfen: Rebekka, Mia, Sarah und Luis.

Die als Erste ihre Portion bekommen haben, löffeln schon vergnügt, doch die Letzten sind ziemlich verärgert:

„Ich dachte, wir kommen mehr Eis!", protestiert Rebekka.

„Ja", stimmt Mia ihr zu. „Wir haben doch drei Stunden gearbeitet und die anderen nur zwei oder sogar nur eine!"

„Wir müssten eigentlich neun Kugeln bekommen", findet Sarah.

Luis rührt sein Eis gar nicht erst an und verschränkt beleidigt die Arme: „Das ist doch ungerecht!"

„Aber, liebe Kinder", sagt Oma Mathilde sanft. „Abgemacht waren drei Kugeln Eis für drei Stunden Arbeit. Ich habe euch nicht betrogen. Ihr findet es ungerecht, dass ich großzügig bin und allen gleich viel gebe? Ich habe sogar die, die zuletzt gekommen sind, als Erste bedient. Was zählt, ist doch, dass wir hier alle gemütlich zusammensitzen und es uns gut gehen lassen. Ich danke euch allen für eure tolle Hilfe und habe euch alle sehr gern!"

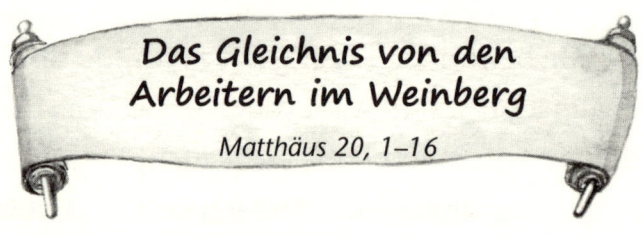

Das Gleichnis von den Arbeitern im Weinberg
Matthäus 20, 1–16

Wenn du jemanden ganz doll lieb hast, dann wartest du ungeduldig, bis er kommt. Egal, wie spät er kommt, du freust dich. Jesus sagt, dass es so auch mit Gott ist. Er hat die Menschen lieb. Und er wartet auf sie. Um das zu verdeutlichen, erzählt Jesus den Menschen das Gleichnis von den Arbeitern im Weinberg. Diese werden von einem Gutsherrn aufgefordert, einen Tag lang für einen Denar im Weinberg zu arbeiten. „Denar" hieß damals eine Silbermünze. Sie entsprach dem üblichen Tageslohn. Am Ende des Tages sind die Arbeiter überrascht, weil alle gleich viel verdient haben, obwohl sie unterschiedlich lange gearbeitet haben:

Denn mit dem Himmelreich ist es wie mit einem Gutsherrn, der früh am Morgen ausging, um Arbeiter für seinen Weinberg einzustellen. Er vereinbarte mit den Arbeitern einen Denar für den Tag und schickte sie in seinen Weinberg. Als er um die dritte Stunde wieder ausging, sah er andere untätig auf dem Markt stehen und sagte zu ihnen: „Geht auch ihr in meinen Weinberg und ich werde euch geben, was recht ist." Und sie gingen hin. Um die sechste und neunte Stunde ging er noch einmal aus und machte es ebenso. Als er um die elfte Stunde ausging, fand er wieder andere, die dastanden, und sagte zu ihnen: „Was steht ihr hier den ganzen Tag untätig herum?" Sie antworteten ihm: „Weil uns niemand eingestellt hat." Da sagte er zu ihnen: „Geht auch ihr in den Weinberg." Als es nun Abend geworden war, sagte der Besitzer des Weinbergs zu seinem Verwalter: „Ruf die Arbeiter und zahle ihnen den Lohn aus; fange bei den Letzten an bis zu den Ersten." Da kamen die von der elften Stunde und erhielten je einen Denar. Als nun die Ersten kamen, meinten sie, sie würden mehr bekommen. Aber auch sie erhielten je einen Denar. Und als sie ihn erhalten hatten, murrten sie gegen den Gutsherrn und sagten: „Diese Letzten da haben eine Stunde gearbeitet und du hast sie uns gleichgestellt, die wir die Last des Tages getragen haben und die Hitze." Er aber erwiderte einem von ihnen: „Freund, ich tue dir kein Unrecht. Hast du nicht einen Denar mit mir vereinbart? Nimm das Deine und geh! Ich aber will diesem Letzten dasselbe geben wie dir. Oder darf ich mit dem Meinen nicht tun, was ich will? Oder ist dein Auge böse, weil ich gut bin? So werden die Letzten die Ersten sein und die Ersten die Letzten."

Wir können den Neid und das Gefühl von Ungerechtigkeit derjenigen verstehen, die gehofft haben, mehr zu bekommen, weil sie länger gearbeitet haben. Doch sie erhalten, was ihnen versprochen wurde. Der Besitzer des Weinberges und Oma Mathilde in unserer modernen Geschichte sind so großzügig, dass sie alle gleich behandeln.

Liebe ist größer als unsere Vorstellungen von Gerechtigkeit. Wenn man einen Menschen liebt, dann vergibt man ihm, was er nicht gut gemacht hat. Dann wartet man auf ihn. Dann hofft man sehnsüchtig, er möge kommen. Dann rechnet man nicht alles gegeneinander auf. So bedingungslos lieben Eltern ihre Kinder und Kinder ihre Eltern.

Gott ist wie der Besitzer des Weinbergs. Er fordert alle auf, zu ihm zu kommen. Am Ende ist er zu allen gut – zu denen, die ihr ganzes Leben mit Gott gelebt haben, genauso wie zu denen, die sich erst spät Gott zuwenden und ihm öffnen. Leider gibt es auch unter den Christen manchmal Neid, weil Gott alle Menschen liebt. Um aber im Bild unserer modernen Geschichte zu bleiben: Neun Kugeln Eis wären doch nicht besser als drei. Viel wichtiger ist doch, dass alle beieinander sind und dass sich alle miteinander freuen!

8.
Ein neues Notebook

„Papi, bitte!", drängt Fabian. „Nur zehn Minuten. Bitte!"
Fabians Vater hat nämlich ein neues Notebook. Da sind ein paar coole Spiele drauf, die Fabian unbedingt ausprobieren will.
Endlich gibt der Vater nach: „Also gut, zehn Minuten. Aber pass ja auf, das Ding ist ganz neu und war schrecklich teuer!"
Fabian klappt den Bildschirm hoch und ist auch schon am Spielen. Er scheint nichts anderes mehr zu sehen und zu hören.

Da pustet ihm der Vater ins Gesicht: „Hallo, Herr Sohn, hier spricht dein Vater. Du gehst nicht ans Notebook, wenn ich nicht dabei bin. Verstanden?"

Fabian nickt flüchtig.

„Verstanden?", wiederholt der Vater mit fester und lauter Stimme.

„Jaaa", mault Fabian.

Jetzt schaltet sich die Mutter ein: „Er hat es verstanden", beruhigt sie ihren Mann.

Der bleibt skeptisch: „Meinst du?"

Am anderen Tag sind die Eltern beide aus dem Haus.

Das neue Notebook liegt auf einem Regal im Wohnzimmer. Fabian hat gerade nichts zu tun, und das Notebook scheint geradezu nach ihm zu rufen: „Spiel mit mir!"

Fabian denkt sich: „Es merkt doch niemand, wenn ich jetzt ein halbes Stündchen spiele. Es tut keinem weh. Es ist so, als wäre gar nichts geschehen."

Fabian trägt das Notebook vorsichtig in die Küche. Da kann er nämlich durchs Fenster sehen, wenn die Eltern heimkommen. Er steckt das Stromkabel in die Steckdose, klappt den Bildschirm auf – und los geht's. Fabian versinkt sofort in seinem Spiel.

So bekommt er erst mit, dass die Eltern zurückkommen, als er schon den Schlüssel im Schloss hört. Erschrocken springt er auf, stolpert über das Kabel und reißt damit das Notebook vom Tisch, das auf den Fliesenboden fällt. Vor Schreck verliert Fabian das Gleichgewicht und tritt auf den offenen Bildschirm des Computers.

„Was ist passiert?", ruft seine Mutter von der Wohnungstür her.

Fabian kann gar nicht antworten. Er ist starr vor Schreck und schaut auf das Notebook. Diagonal durch den Bildschirm geht ein großer Sprung!

Schon stehen seine Eltern in der Küche, Einkaufstaschen in der Hand.

„Ich fasse es nicht!", schimpft der Vater. „Bursche! Das wirst du mir ersetzen! Habe ich es dir nicht verboten? Aber nein, dem Herrn Sohn ist egal, was sein Vater sagt." Drohend hebt er den Zeigefinger. „Du hast noch keine Ahnung, wie viele Wochen du jetzt kein Taschengeld bekommst. Und ins Zeltlager darfst du auch nicht mitfahren! Und du bekommst Fernsehverbot für einen Monat! Und das Mittagessen fällt auch aus!"

„Fabian", schaltet sich jetzt die Mutter ein. „Geh auf dein Zimmer."

Zum Mittagessen holt die Mutter den Jungen aus seinem Zimmer.

Der Vater sitzt mit verschränkten Armen am Küchentisch. Fabians Augen sind ganz rot vom Weinen. Er wagt es nicht, seine Eltern anzusehen.

„Es tut mir so leid", wimmert er. „Ich bitte um Entschuldigung."

Dann fleht er, der Vater möge seine Drohungen nicht wahr machen: kein Taschengeld, kein Zeltlager, kein Fernsehen … Fabian hebt leicht den Kopf, um seinem Vater ins Gesicht sehen zu können: „Ich verspreche, es nicht wieder zu machen! Ehrlich."

Der Vater verdreht die Augen, schaut kurz zu seiner Frau und wuschelt dann mit der Hand durch Fabians Haar.

„Also gut", sagt er. „Jeder baut mal Mist. Vergeben und vergessen. Nun lasst uns endlich essen."

„Reimt sich sogar", fällt Fabian auf. Er atmet erleichtert auf.

Am Nachmittag kommt Fabians größere Schwester Vroni von einer Klassenfahrt heim. Sie erzählt von den aufregenden Tagen, die hinter ihr liegen.

„Hier war es heute auch ganz schön aufregend", will die Mutter schon berichten, doch dann verstummt sie. Sie will Fabian nicht bloßstellen.

Fabian fordert von seiner Schwester das Comic-Album zurück, das er ihr als Lektüre für die Klassenfahrt geliehen hat.

Vroni zieht die Mundwinkel nach unten und macht ein betroffenes Gesicht: „Fabi, nicht böse sein, bitte, bitte, aber das habe ich in der Jugendherberge liegen lassen. Ich habe es erst vorhin bemerkt, auf der Rückfahrt."

„Was!", brüllt Fabian wütend. „Du hast mein Buch verschlampt?"

Er springt auf und stellt sich vor seine Schwester hin, die Fäuste in die Seiten gestemmt. „Du alte Schusselliese! Das wirst du mir büßen! Du musst mir ein neues kaufen! Nein, nicht eines – ich will zwei Comics als Ersatz!"

Da packt der Vater Fabian an den Schultern, dreht ihn zu sich herum, hockt sich vor ihn nieder und kommt mit dem Gesicht ganz dicht an das Fabians heran.

Er spricht leise, aber scharf: „Ist das wahr, was ich hier höre? Du machst einfach heimlich an

meinem neuen Notebook herum und schrottest es. Aber ich erlasse dir großzügig die Schuld. Und jetzt willst du deine Schwester zur Schnecke machen, weil sie eins von deinen ollen Comic-Heftchen verloren hat? Ich fasse es nicht!"

Der Vater richtet sich wieder auf und fügt in normaler Lautstärke hinzu: „Ich glaube, es ist besser, wenn du mir heute aus dem Weg gehst."

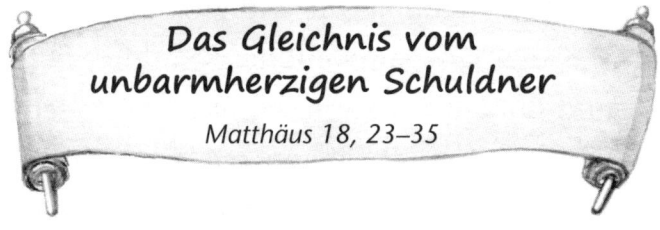

Das Gleichnis vom unbarmherzigen Schuldner
Matthäus 18, 23–35

Jeder macht mal etwas falsch. Etwas, das ihm hinterher leidtut.

Wir sagen Dinge, die wir besser nicht gesagt hätten. Wir verletzen andere mit Worten oder sogar mit Taten. Wir lügen. Wir nehmen etwas, das uns nicht gehört, und machen es manchmal sogar kaputt. Man kann sich auf uns nicht verlassen. Kurz gesagt: Wir Menschen werden immer wieder schuldig.

Wir können jedoch nur dann in Frieden leben, wenn wir einander verzeihen.

Gott möchte, dass wir Menschen ehrlich und liebevoll miteinander umgehen. Wenn wir das nicht tun, dann werden wir auch ihm gegenüber schuldig. Gott ist aber bereit, uns alle Schuld zu vergeben, wenn wir ihn aufrichtig darum bitten.

Das Gleichnis, das Jesus zur Verdeutlichung dieses Themas erzählt, macht klar, wie wir Menschen sind: Wenn jemand an uns schuldig geworden ist, dann legen wir großen Wert auf Entschädigung. Dann soll der Schuldige bereuen und Buße tun. Wenn wir aber selber schuldig geworden sind, gehen wir fast selbstverständlich davon aus, dass man uns vergibt.

Deshalb ist es mit dem Himmelreich wie mit einem König, der mit seinen Knechten Abrechnung halten wollte. Als er nun begann abzurechnen, wurde einer vor ihn gebracht, der zehntausend Talente schuldig war. Weil er nicht zahlen konnte, befahl der Herr, ihn samt Frau und Kindern und seiner ganzen Habe zu verkaufen und so die Schuld zu begleichen. Da fiel ihm der Knecht zu

Füßen und flehte ihn an: „Hab Geduld mit mir, ich will dir ja alles bezahlen." Der Herr erbarmte sich jenes Knechtes, ließ ihn frei und erließ ihm die Schuld. Kaum war aber jener Knecht hinausgegangen, da traf er einen seiner Mitknechte, der ihm einhundert Denare schuldig war. Den packte er, würgte ihn und sagte: „Bezahle, was du schuldig bist."

Da fiel ihm der Mitknecht zu Füßen und bat ihn: „Hab Geduld mit mir, ich will es dir ja bezahlen." Aber der wollte nicht, sondern ließ ihn ins Gefängnis werfen, bis er die Schuld bezahlt hätte. Als nun seine Mitknechte sahen, was da vor sich ging, empörten sie sich darüber, gingen zu ihrem Herrn und berichteten ihm alles, was geschehen war. Da ließ ihn sein Herr zu sich rufen und sagte zu ihm: „Du böser Knecht, deine ganze Schuld habe ich dir erlassen, weil du mich gebeten hast. Hättest nicht auch du dich deines Mitknechtes erbarmen müssen, so wie ich mich deiner erbarmt habe?" Und voll Zorn übergab ihn der Herr den Folterknechten, bis er ihm die ganze Schuld bezahlt hätte. So wird auch mein himmlischer Vater mit euch verfahren, wenn nicht jeder von euch seinem Bruder von Herzen vergibt.

Jesus beschreibt mit dem Gleichnis, dass wir einander vergeben sollen, wie auch uns von Gott vergeben worden ist. So bitten wir ja auch, wenn wir das Vaterunser beten: „Vergib uns unsere Schuld, wie auch wir vergeben unseren Schuldigern."
Gott vergibt uns immer wieder, wenn wir ihn

darum bitten. Aber auch wir sind aufgefordert, unseren Mitmenschen zu verzeihen. Das ist eine Anweisung für jeden neuen Tag. Nur so ist ein friedvolles Miteinander möglich.

9.
Mach was draus!

Ohne etwas zu sagen, heftet Herr Kramp einen Hundert-Euro-Schein an die Magnetwand. Die Klasse 3 b schaut verwundert.

„Krieg ich den?", ruft der vorlaute Oliver.

Ein paar Mädchen kichern. Herr Kramp muss schmunzeln.

Dann sagt er: „Kinder, jetzt haben wir uns ein paar Wochen lang mit unserem Afrika-Projekt beschäftigt."

Der Klassenlehrer der 3 b hat nämlich Kontakte nach Ghana. Ein Freund von ihm arbeitet als Lehrer in diesem afrikanischen Land. Und dieser Freund erzählt oft, wie arm und einfach dort vieles ist. Seine Schule kann sich manches nicht leisten, was für deutsche Schülerinnen und Schüler selbstverständlich ist.

„Ich habe eine Idee", erklärt Herr Kramp. „In zwei Wochen ist ja unser Schulfest. Da könnte unsere Klasse doch Geld verdienen für die Schule in Ghana. Der Grundstock hierfür sind diese hundert Euro. Aber das Geld soll sich vermehren!"
Die zwanzig Kinder aus der 3 b sehen ihren Lehrer fragend an.
„Wie kann es sich denn vermehren?", will Anastasia wissen.
Herr Kramp nimmt den Geldschein wieder von der Magnetwand und steckt ihn zurück in seine Geldbörse. Dafür holt er aber zwanzig Fünf-Euro-Scheine heraus und fächert sie auf wie ein Kartenspiel. Jetzt werden die Kinder noch neugieriger!
Herr Kramp wedelt mit den Geldscheinen.
„Wir machen es so: Jede und jeder von euch bekommt fünf Euro. Ihr lasst euch etwas einfallen, wie ihr daraus beim Schulfest mehr Geld machen könnt. Überlegt einmal."
Die Kinder verstehen immer noch nicht. Was meint der Lehrer nur damit?
„Jetzt kapiere ich es!", platzt Kathi da heraus.
„Wenn ich zum Beispiel eine Flasche Sprudel

und eine Flasche Apfelsaft für zwei Euro kaufe, dann kann ich daraus zehn Gläser Apfelschorle mischen. Die kann ich für fünfzig Cent pro Glas verkaufen. Dann habe ich am Ende fünf Euro verdient."

Herr Kramp korrigiert: „Fünf Euro sind dein Umsatz. Du musst aber die zwei Euro abziehen, die du ja erst einmal ausgeben musstest, um den Sprudel und den Saft zu kaufen."

Es braucht etwas Zeit, bis das alle verstanden haben. Aber dann sprudeln die Ideen nur so.

Ein paar Kinder tun sich zusammen, um Waffeln zu backen und zu verkaufen.

Herr Kramp rät: „Bedenkt, welche Zutaten ihr kaufen müsst, und denkt auch an die Papierservietten."

Andere wollen einen Tanz aufführen und sich dafür Kostüme nähen, wofür sie Stoff kaufen müssen. Nach dem Tanz soll dann ein Hut herumgehen, in den das Publikum großzügig spenden kann.

Wieder andere wollen Streichholzschachteln bunt bekleben. Das ist ein schönes Geschenk, das sich gut verkaufen lässt.

Herr Kramp notiert sich alle Namen und die

dazugehörenden Ideen auf einer Liste. Zwar wiegt er manchmal den Kopf – „Nagellackstand? Ob das klappt?" –, aber alle Kinder dürfen letztendlich machen, was sie wollen. Nur Martin fällt nichts ein.

„Martin, jeder kann irgendetwas gut!", ermutigt ihn Herr Kramp. „Was kannst du denn gut?"

Martin zieht die Schultern hoch.

„Der kann super Nussecken backen!", behauptet Oliver.

Herr Kramp nickt Martin zu. „Stimmt das?"

Martin senkt den Kopf. „Ich habe einmal zu meinem Geburtstag welche gebacken, gemeinsam mit meinem Papa."

Oliver meint: „Ja, mit dick Schokolade drauf! Lecker!"

„Martin: Nussecken", schreibt Herr Kramp also auf seine Liste.

Dann bekommt jedes Kind einen Fünf-Euro-Schein in die Hand.

„Nicht für euch, Kinder!", erinnert Herr Kramp und hebt mahnend den Zeigefinger. „Macht was draus!"

Zum Schulfest kommen Hunderte von Besuchern. Im Klassenraum der 3 b geht es zu wie in einem Ameisenhaufen! Die Kinder haben große Plakate gebastelt, auf denen sie die Ergebnisse ihres Afrika-Projektes vorstellen.

Auf einem Plakat ist ein Foto der Schule in Ghana. Darunter steht: „Alles Geld, das die Kinder der Klasse 3 b beim Schulfest einnehmen, spenden sie für diese Schule."

Da greifen die Leute gerne zu – bei den Waffeln und der Apfelschorle.

Der Tanz findet in der Schulaula statt. Die Kinder tragen silbern schimmernde Umhänge und werden mit großem Applaus bedacht. Und natürlich geben die Zuschauer gerne eine Spende in den Hut, der nach der Aufführung herumgereicht wird. Auch der Nagellackstand läuft prima. Sogar die Schulleiterin hat sich die Fingernägel lackieren lassen – in Lila!

Als am Abend das Fest vorbei ist, sind alle Kinder aus der Klasse 3 b müde, aber zufrieden. Sie freuen sich, wie gut ihre Ideen angekommen sind.

Herr Kramp ruft die Kinder zusammen. Dann wird das Geld gezählt.

Manche haben aus den fünf Euro, die ihnen anvertraut wurden, dreißig gemacht. Andere immerhin zwanzig, fünfzehn oder zehn.

Der Letzte auf der Liste ist Martin.

„Wie sind denn deine Nussecken weggegangen?", fragt Herr Kramp.

Martin senkt den Kopf. „Ich … ich hab mich nicht getraut. So gut sind die doch gar nicht geworden."

Er holt aus einer Tragetasche eine volle Frischhaltedose mit Nussecken.

„Du hast sie gar nicht verkauft?", fragt Herr Kramp verwundert.

Martin schüttelt den Kopf.

„Aber Martin, damit hätten wir doch noch mehr Geld verdienen können! Das war aber dumm von dir."

Herr Kramp nimmt eine Nussecke aus der Dose und beißt hinein.

„Die sind doch wunderbar!", sagt er kauend.

„Du hättest nicht so ängstlich zu sein brauchen!"

Dann darf sich jedes Kind eine Nussecke nehmen – als Belohnung für die Arbeit und für das gute Ergebnis der Spendenaktion für die Schule in Ghana.

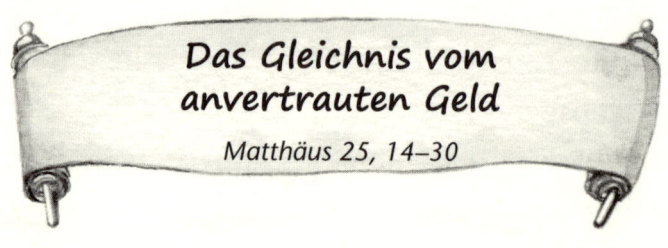

Das Gleichnis vom anvertrauten Geld
Matthäus 25, 14–30

Ehrlich gesagt, das Gleichnis vom anvertrauten Geld ist nicht ganz leicht zu verstehen. Die Geschichte von der Klasse 3 b ist da schon einfacher zu begreifen. Aber wir müssen auch nicht jeden Satz und jeden Gedanken der Bibel verstehen. Manchmal genügt es, im Großen und Ganzen zu begreifen, was eine Geschichte uns sagen will.

In dem Gleichnis vom anvertrauten Geld werden den Knechten „Talente" anvertraut. „Talent" war früher einmal eine Einheit für Gewichte. Später wurde daraus eine Einheit für Geld. Ähnlich wie beim Geld in Großbritannien, das „Pfund" heißt.

Wie in unserer modernen Geschichte vermehren zwei Knechte das Geld, das sie bekommen haben. Ein dritter aber fürchtet sich und vergräbt es. Dafür wird er am Ende sogar bestraft.

Denn mit dem Himmelreich ist wie bei einem Mann, der, als er verreisen wollte, seine Knechte rief und ihnen sein Vermögen anvertraute. Dem einen gab er fünf Talente, dem anderen zwei, dem Dritten eines, jedem nach seinen Fähigkeiten. Dann reiste er ab. Sogleich begann der, der fünf Talente erhalten hatte, mit ihnen zu arbeiten und gewann fünf andere dazu. Ebenso gewann der mit den zweien zwei andere dazu. Der aber das eine erhalten hatte, ging und grub ein Loch in die Erde und verbarg das Geld seines Herrn. Nach langer Zeit kam der Herr jener Knechte zurück und rechnete mit ihnen ab. Da kam der, der die fünf Talente erhalten hatte, brachte fünf weitere Talente und sagte: „Herr, fünf Talente hast du mir gegeben. Siehe, fünf weitere Talente habe ich dazugewonnen." Da sagte sein Herr zu ihm: „Recht so, du guter und treuer Knecht! Du bist über weniges treu gewesen, ich will dich über vieles setzen. Nimm teil an der Freude deines Herrn!" Auch der mit den zwei Talenten kam und sagte: „Herr, zwei Talente hast du mir gegeben. Siehe, zwei weitere Talente habe ich dazugewonnen." Da sagte sein Herr zu ihm: „Recht so, du guter und treuer Knecht! Du bist über weniges treu gewesen, ich will dich über vieles setzen. Nimm teil an der Freude deines Herrn!" Da kam auch der, der das eine Talent erhalten hatte, und sagte: *„Herr, ich wusste, dass du ein harter Mann bist; du erntest, wo du nicht gesät, und sammelst, wo du nicht ausgestreut hast. Weil ich Angst hatte, verbarg ich dein Talent in der Erde. Da hast du, was dir gehört."* Sein Herr antwortete ihm: *„Du schlechter und fauler Knecht! Du wusstest, dass ich ernte, wo ich nicht gesät, und sammle, wo ich nicht ausgestreut habe? Dann hättest du mein Geld auf der Bank anlegen sollen und ich hätte bei meinem Kommen das Meine mit Zins zurückerhalten. Nehmt ihm also das Talent und gebt es dem, der die zehn Talente hat. Denn jedem, der hat, wird gegeben werden und er wird Überfluss haben. Wer aber nicht hat, dem wird auch das, was er hat, genommen. Und den unnützen Knecht werft in die Finsternis hinaus! Dort wird Heulen und Zähneknirschen sein."*

Der Mann, der auf Reisen geht, teilt den Arbeitern Talente zu. Gott teilt uns Menschen Begabungen zu: Der eine kann gut mit Zahlen umgehen, der andere besonders gut singen. Ein anderer kann vor Menschen frei sprechen, wieder ein anderer versteht es, gut zu trösten. Stark, mutig, intelligent, schnell, ordentlich, schön – niemand kann alles, aber keiner kann nichts. Jeder Mensch hat Begabungen! Und die sollen wir nutzen. Wir sollen etwas daraus machen und es einsetzen für das Reich Gottes. Manche legen sich ins Zeug und machen sehr viel aus ihrem Talent. Manche tun sich schwerer, aber auch ihnen gelingt noch viel. Schließlich gibt es Menschen, die ihre Begabungen nicht nutzen, sondern verkümmern lassen. Damit sind die gemeint, die sie „vergraben". Jesus will uns mit diesem Gleichnis ermutigen: Nutze deine Talente – zum Wohle aller und zu deinem eigenen!

10.
Zwei Schwestern

„Vater, sei mir nicht böse, aber ich muss jetzt gehen. Ich schick dir heute Nachmittag die Mädchen vorbei!"
Frau Kahl gibt ihrem Vater zum Abschied einen Kuss auf die Stirn.
Der Vater lebt in einem Seniorenheim. Er ist alt und krank – und ganz schwach. Er kann sich nur mühsam bewegen und sitzt viele Stunden am Tag in seinem Stuhl am Fenster. Oft nickt er ein und schläft ein bisschen. Wenn er redet, muss man sich beim Zuhören gut konzentrieren, denn er kann nicht mehr so deutlich sprechen.
„Da freu ich mich", sagt der alte Mann leise und lächelt. „Aber bei dem schönen Wetter wollen die Kinder doch sicher nach draußen!"

Frau Kahl winkt noch einmal, bevor sie die Zimmertür schließt.

Beim Mittagessen zu Hause gibt sie ihren beiden Töchtern Barbara und Johanna die Anweisung: „Kinder, ich habe heute Nachmittag Dienst. Deswegen geht ihr bitte den Opa besuchen. Er freut sich so, wenn jemand kommt! Vor allem am Sonntag! Es genügt ja eine halbe Stunde. Nur, dass er etwas Abwechslung hat!"

Barbara lässt ihre Gabel sinken und antwortet wie selbstverständlich: „Na klar gehe ich Opi besuchen. Mach ich doch gern." Sie wirft ihren Pferdeschwanz in den Nacken.

Johanna isst zunächst weiter, dann mault sie: „Erstens: Nenne uns nicht immer ‚Kinder'! Wir sind Jugendliche! Und zweitens: Was soll ich bei Opa? Der bekommt doch kaum mit, ob ich überhaupt da bin. Dann pennt er ein, während ich neben ihm sitze. Und heute ist so tolles Wetter, da will ich lieber draußen sein statt in einem muffigen Altenheimzimmer! Schließlich ist heute Sonntag."

„Auch du wirst einmal alt!" Frau Kahl schaut ihre Tochter Johanna streng an. Und auch Barbaras Blick straft sie.

Nach dem Essen muss Frau Kahl zur Arbeit. Barbara verschwindet in ihrem Zimmer. Johanna geht auf den Spielplatz vor dem Reihenhaus, in dem sie lebt. Obwohl sie schon vierzehn ist, schaukelt sie gern. Da kommen zwei ihrer Freundinnen, die wie sie kleine Tattoos auf dem Oberarm haben.
„Was geht ab?", grüßen sie Johanna. Aber die ist schlecht gelaunt.
„Was ist denn los?", wollen die Freundinnen wissen. Die eine hat eine Flasche Cola dabei.

Johanna klagt: „Ich soll meinen Opa besuchen. Im Seniorenheim. Das ist toootal langweilig."

Die Freundinnen geben ihr recht. Aber dann meinen sie, der Opa würde sich doch bestimmt freuen.

Johanna springt von der Schaukel herunter: „Jetzt fangt ihr auch noch an! Das Gleiche hat Mama auch gesagt."

Dann stapft sie genervt nach Hause zurück. Da ist niemand. Barbara ist bestimmt schon beim Großvater. Die Luft in der Wohnung ist stickig. An einem so schönen Frühlingstag will niemand im Zimmer hocken. „Der Opa aber kommt nicht raus", geht es jetzt Johanna durch den Kopf.

„Komm, eine halbe Stunde!", denkt sie sich. Sie rennt nach unten vors Haus, schnappt sich ihr Fahrrad und radelt zum Seniorenheim.

Der Opa strahlt übers ganze Gesicht, als Johanna ins Zimmer kommt.

„Das ist aber lieb, mein Mädchen", begrüßt er seine Enkelin und streichelt ihr mit der faltigen Hand zart über die Wange.

„War Barbara schon da?", fragt Johanna.

Der Großvater schüttelt den Kopf. Er bietet Johanna ein Plätzchen an und bittet das Mädchen: „Erzähl mir doch was. Was machst du gerade in der Schule?"

„Meine Lieblingsfächer zurzeit sind Erdkunde und Sport", erklärt Johanna, und dann redet und redet sie auf einmal viel mehr, als sie eigentlich wollte.

Der Opa nickt zwischendurch interessiert. Johanna berichtet von der Klassenfahrt und dem neuen Jungen in der Klasse, der aus Syrien stammt und noch schlecht Deutsch spricht. Deswegen machen sich die anderen über ihn lustig.

Die halbe Stunde geht schneller herum, als Johanna gedacht hat. Und tatsächlich fallen dem Opa auf einmal die Augen zu. Johanna drückt sanft seine Hand, dann schleicht sie aus dem Zimmer und schließt leise die Tür, um ihren Großvater nicht aufzuwecken.

Ihre Freundinnen sitzen immer noch auf dem Spielplatz, als sie heimkommt.

„Ich war da", teilt sie kurz mit. Die Freundinnen grinsen nur.

Als Johanna gegen sieben am Abend in die

Wohnung hinaufgeht, sitzt Barbara vor dem Fernseher.

„Wie war's bei Opa? Ich fand es gar nicht so schlimm heute. Worüber habt ihr denn gesprochen?", fragt Johanna ihre Schwester.

Barbara löst ihren Blick nicht vom Bildschirm, auf dem eine Musikshow flimmert.

„Opa? Stimmt, ich sollte heute mal zu ihm. Tut mir leid, das hab ich ganz vergessen."

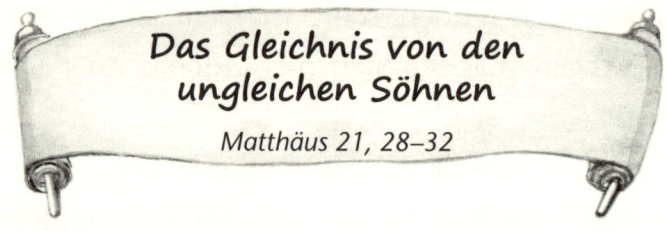

Das Gleichnis von den ungleichen Söhnen
Matthäus 21, 28–32

Das kennt doch jeder: Man soll etwas tun, hat aber gar keine Lust dazu.

Bestimmt sagst du auch manchmal Ja, machst aber gar nicht, was dir aufgetragen wurde. Und manchmal weigerst du dich, aber dann tut es dir leid – und du erledigst doch noch, was du tun solltest.

Jesus erzählt ein kleines Gleichnis, in dem ein Vater seine beiden Söhne auffordert, im Weinberg zu arbeiten. Es geht hier um den Willen des Vaters. Die beiden Söhne gehen unterschiedlich mit diesem Willen um:

Was meint ihr? Ein Mann hatte zwei Söhne. Er wandte sich an den ersten und sagte: „Mein Sohn, geh, arbeite heute im Weinberg!" Er antwortete: „Ja, Herr!", ging aber nicht. Da wandte er sich an den zweiten und sprach ebenso. Der aber antwortete: „Ich will nicht." Später aber besann er sich und ging doch. Wer von den beiden hat den Willen des Vaters getan? Sie sagten: „Der Letztere." Da sagte Jesus zu ihnen: „Amen, ich sage euch: Die Zöllner und die Dirnen kommen eher in das Reich Gottes als ihr. Denn Johannes ist zu euch gekommen mit dem Weg der Gerechtigkeit und ihr habt ihm nicht geglaubt. Die Zöllner und die Dirnen aber haben ihm geglaubt. Ihr habt es gesehen und habt euch auch später nicht bekehrt und ihm nicht geglaubt."

Jesus erzählt das Gleichnis in einer Diskussion mit seinen Gegnern. Er will ihnen deutlich machen: Gott ist wie der Vater aus der Geschichte, der auffordert: „Arbeite heute im Weinberg!" Oder in unserer modernen Geschichte, in der

die Mutter verlangt: „Geh den Opa besuchen!"
Übertragen auf die Botschaft von Jesus heißt das: Lebe nach Gottes Willen!
Da gibt es welche, die sofort Ja sagen und so tun, als wären sie gehorsam und gut. Aber sie tun gar nicht, was von ihnen erwartet wird. Andere hingegen sagen erst einmal Nein, besinnen sich dann aber und erfüllen doch noch den Willen Gottes. Und darauf allein kommt es an: auf die Taten, nicht auf die Worte!
Das verstehen auch die Zuhörer von Jesus sofort. Sie begreifen gleich, wer von den beiden Söhnen den Willen des Vaters getan hat.
Jesus sagt, Zöllner und Dirnen haben Gott ernst genommen. Er betont das ausdrücklich, indem er „Amen", sagt, das bedeutet: „So ist es!"
Mit „Zöllnern" und „Dirnen" sind Leute gemeint, die bei den anderen nicht viel Ansehen genießen und mit denen keiner etwas zu tun haben will. Aber genau diese Leute kehren um und erfüllen den Willen Gottes. Wenn einer ein schlechtes Leben geführt hat, wenn er gesündigt, gestohlen oder gelogen hat, dann aber umkehrt auf den Weg der Gerechtigkeit, dann steht ihm das Reich Gottes offen.

Der Prophet Johannes hat alle Menschen aufgerufen, umzukehren zu Gott. Die Zöllner und Dirnen haben auf Johannes gehört. Aber die Frommen meinten, sie hätten die Umkehr nicht nötig. Sie haben Johannes gesehen und gehört, aber sich nicht bekehrt.

Jesus ermahnt auch uns: Wir müssen in unserem Leben umsetzen, was wir glauben. Jeder hat Umkehr nötig. Diese Umkehr ist immer möglich, auch wenn sich jemand von Gott abgewendet hat, wenn er Nein gesagt hat zum Willen Gottes und weggegangen ist. Er kann immer zurückkommen. Gottes Haustür steht uns immer offen. Wir sind jederzeit willkommen!

11.
Das Fest findet statt

Muffins mit Smarties drauf, Apfelkuchen und Schokoladentorte – das gibt ein Fest! Limonade und Vanilleeis, von allem ist reichlich da. Und zum Abendessen wird es selbst gemachte Hamburger geben, mit dick Ketchup oder Mayo drauf, so wie es jeder mag.

Charlotte pustet ein paar Luftschlangen über den Tisch. Auf jedem Teller liegt ein Tütchen Gummibärchen als Willkommensgruß. Das Mädchen strahlt: Endlich ist sie neun! Wie sehr hat sie sich darauf gefreut, neun Jahre alt zu werden. Gestern Abend konnte sie kaum einschlafen, so aufgeregt war sie. Und heute ist es endlich so weit. Ein bisschen enttäuscht war sie zwar schon, als Meike und Eva heute Morgen kurzfristig abgesagt haben, weil sie beide krank im Bett liegen. Aber gleich werden ihre anderen Freundinnen kommen: Anna, Pia, Viktoria und Franziska. Dann werden sie feiern! Essen und trinken und lustig sein, Spiele machen und lachen.

„Ist es denn immer noch nicht drei Uhr?", fragt Charlotte alle paar Minuten.

Ihre Mutter und ihre große Schwester Friederike müssen über die Ungeduld des Geburtstagskinds grinsen. Um fünf Minuten vor drei Uhr darf Charlotte die Kerzen auf dem Tisch anzünden. Die Mutter mahnt: „Pass aber auf, dass die Luftschlangen nicht Feuer fangen!"

Dann sitzt Charlotte auf ihrem Platz, sprungbereit wie eine Katze, die einer Maus auflauert. Sie wartet auf das erste Klingeln an der Haustür. Es wird drei Uhr. Es wird fünf nach drei. Es wird zehn nach drei. Nichts passiert.

„Die Klingel ist bestimmt kaputt!", protestiert Charlotte, öffnet flink die Haustür und drückt auf den Klingelknopf. Alles funktioniert.

Die Mutter schüttelt den Kopf: „Vielleicht haben sich alle vertan und denken, es würde erst um halb vier losgehen?"

Sie nimmt Charlotte in die Arme und tröstet sie: „Gleich geht's los. Nur ein wenig Geduld noch, mein großes, neunjähriges Mädchen!"
Aber um halb vier tut sich auch nichts. Charlotte wirft sich bitter enttäuscht aufs Sofa im Wohnzimmer und heult: „Keiner mag mich!"

Die Mutter greift zum Telefon und ruft bei Anna an. Sie erreicht deren großen Bruder. Der weiß nur: „Anna braucht einen neuen Badeanzug. Sie ist mit Mama in die Stadt gefahren."
„Wie schade", antwortet Charlottes Mutter. „Sie hat den Kindergeburtstag wohl vergessen. Na ja, kann passieren."
Dann ruft sie bei Pia an. Pia meldet sich.
Charlottes Mutter grüßt sie herzlich: „Du, wir warten auf dich! Heute hat Charlotte doch Geburtstag!"
Aber Pia bedauert: „Es geht heute nicht. Wir räumen gerade mein Zimmer um und bauen ein neues Regal auf."
„Ja, könnt ihr das denn nicht später machen? Charlotte wartet auf dich!"
„Tut mir leid", sagt Pia und legt auf.
Charlottes Mutter kann es gar nicht fassen. Sie schickt Friederike zu Viktoria und Franziska, die wohnen in der Nachbarschaft.
„Hole sie schnell, unser Geburtstagsmädchen verzweifelt sonst noch."
Aber Viktoria übt für den Mathe-Test, und Franziska hat sich leider schon mit einem anderen Mädchen verabredet.

„Das darf nicht wahr sein!" Charlottes Mutter legt betroffen die flache Hand auf den Mund. Charlottes Weinen ist zu einem Wimmern geworden. Auch Friederike sitzt bedrückt am Tisch.

„So nicht, Mädels!", ruft Charlottes Mutter da auf einmal und klopft mit der Faust auf den Tisch, sodass ein Muffin von der Kuchenplatte rutscht. „Wir lassen uns doch nicht das Fest verderben!"

Dann zeigt sie mit dem ausgestreckten Finger auf Friederike: „Du gehst jetzt auf den Spielplatz, bitte, und du holst von dort Mädchen zu uns, egal, ob wir sie kennen oder nicht. Lade sie alle ein, mit uns Charlottes Geburtstag zu feiern!"

Friederike schaut zunächst etwas ungläubig, aber dann steht sie auf und sagt im Rausgehen: „Okay! Das Fest findet statt!"

Nun heult Charlotte wieder lauter. Ihr läuft der Rotz aus der Nase. Sie will sich gar nicht einkriegen.

„Die sind alle so gemein!"

Enttäuscht möchte sie die Kerzen auf dem Tisch auspusten, doch da ist Friederike schon wieder

da. Und sie ist nicht allein. Sie hat vier Mädchen im Schlepptau, die zunächst noch ganz verlegen dreinschauen. Sie geben Charlotte brav die Hand, gratulieren zum Geburtstag und stellen sich vor:
Da ist Parvati mit den langen Haaren – so rot wie Tomaten. Und dann Asabi – sie hat eine dunkle Hautfarbe und kunterbunte Kleider. Hürrem trägt ein Kopftuch und eine dicke Brille. Nikas Kleid ist an einigen Stellen zerrissen.
„Greift zu!", fordert Charlottes Mutter die kleine Festgesellschaft auf.
Und beim Essen und Trinken verfliegt die Scheu schnell. Die Mädchen kichern und kauen, und alle finden es total doof von den eingeladenen Mädchen, dass sie Charlotte einfach haben sitzen lassen.
„Glück für uns!", findet Hürrem.
Nika stimmt ihr zu: „Sonst hätten wir jetzt nicht so fantastische Muffins!"
Asabi bittet, noch ein Stück Apfelkuchen essen zu dürfen. Und Parvati hat großen Durst.
Charlottes Mutter fordert Friederike auf, noch einmal auf die Straße zu gehen. „Wir haben noch für zwei weitere Mädchen Platz", erklärt

sie. „Irgendwo wirst du doch noch zwei Mädchen auftreiben!"

„Och, Mama", will sich Friederike zunächst drücken. Sie geht dann aber doch und bringt Pauline und Yeshi mit.

„Die beiden haben vor dem Supermarkt Hüpfekästchen gespielt. Ich musste sie total überreden, mit mir zu kommen."

Auch Pauline und Yeshi fügen sich schnell in die kleine Festgesellschaft ein. Die Mädchen spielen und erzählen sich Geschichten und Witze. Sie stellen sich Rätselaufgaben und essen den ganzen Kuchen auf. Nur bei den Hamburgern müssen sie kapitulieren, die sind einfach zu viel.

Und als am Abend alle wieder nach Hause gehen, ist Charlotte glücklich, sechs neue Freundinnen gefunden zu haben.

„Du, Mama", sagt sie, als sie müde ins Bett fällt. „Eigentlich war das der schönste Geburtstag meines Lebens. Und meine alten Freundinnen lade ich nie mehr ein!"

Da fallen ihr schon die Augen zu.

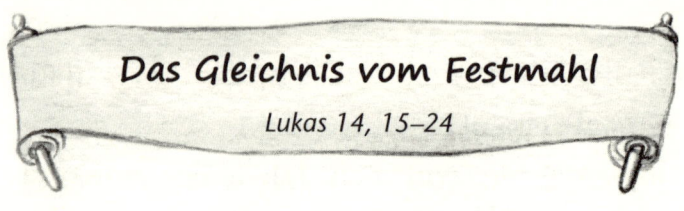

Das Gleichnis vom Festmahl
Lukas 14, 15–24

Wenn wir feiern, dann haben wir gute Laune. Dann vergessen wir allen Streit und gehen freundlich miteinander um. Dann haben wir keine Sorgen, sondern genießen und freuen uns des Lebens. Das kennst du sicherlich aus eigener Erfahrung.

Jesus vergleicht das Reich Gottes gern mit einem Festmahl. Jeder kann glücklich sein, der zu diesem Fest eingeladen ist!

Und dazu erzählt Jesus ein Gleichnis:

Ein Mann sagte zu Jesus: „Selig, wer am Mahl im Reich Gottes teilnehmen wird!" Jesus sagte zu ihm: „Ein Mann veranstaltete ein großes Gastmahl und lud viele ein. Zur Stunde des Gastmahls sandte er seinen Knecht aus, den Eingeladenen zu sagen: ‚Kommt, denn nun ist es bereit.' Da fingen mit einem Mal alle an, sich zu entschuldigen. Der Erste sagte zu ihm: ‚Ich habe einen Acker gekauft und muss unbedingt hingehen, ihn anzusehen; ich bitte dich, halte mich für entschuldigt!'

Ein anderer sagte: ‚Ich habe fünf Joch Ochsen gekauft und gehe gerade hin, sie zu erproben; ich bitte dich, halte mich für entschuldigt!' Wieder ein anderer sagte: ‚Ich habe eine Frau genommen und kann daher nicht kommen.' Der Knecht kam zurück und berichtete dies seinem Herrn. Da wurde der Hausherr zornig und sagte zu seinem Knecht: ‚Geh schnell hinaus auf die Straßen und Gassen der Stadt und führe die Armen und Krüppel und Blinden und Lahmen hier herein!' Wenig später meldete der Knecht: ‚Herr, es ist geschehen, wie du befohlen hast, aber es ist immer noch Platz da.' Da sagte der Herr zum Knecht: ‚Geh hinaus an die Landstraßen und an die Zäune und nötige sie hereinzukommen, damit mein Haus voll wird! Ich sage euch nämlich: Keiner von jenen Männern, die eingeladen waren, wird an meinem Mahl teilnehmen.'"

Ist das nicht seltsam? Da sind die Leute zum Fest eingeladen, aber sie kommen nicht. Sie entschuldigen sich mit dummen Ausreden, denn den Acker oder die Ochsen könnte man ja auch später anschauen. Und der Mann, der geheiratet hat (in der Bibel heißt es „eine Frau genommen"), der könnte sie ja mitbringen zum Gastmahl. Kurz gesagt, die Eingeladenen wollen gar nicht kommen!

Da beschließt der Gastgeber: Dann sollen eben alle anderen kommen. Alle, die sich freuen, am Tisch Platz nehmen zu dürfen.

Zu der Zeit, als Jesus diese Geschichte erzählte, wussten die Leute genau, was er damit sagen will. Jesus lädt die Schwestern und Brüder seines Glaubens ein ins Reich Gottes. Aber die meisten dachten damals: „Was will er denn, der Jesus? Erzählt uns was von Gott, als wüssten wir nicht selbst Bescheid – und zwar besser als er! Wir haben seine Belehrungen nicht nötig. Wir kennen Gott und erfüllen die Gebote. Jesus soll mal lieber den Mund halten."

Bildlich übertragen heißt das dann: Da sind welche eingeladen, aber sie kommen nicht. Sie schlagen die Einladung aus. Aber dann sollen die anderen kommen, einschließlich derer, die damals als Heiden galten, also Menschen mit

dem „falschen" Glauben. Sie waren nicht vollkommen, sondern (bildlich gesprochen) Arme, Blinde, Lahme.
Und heute?
Auch wir sind als Christen von Jesus ins Reich Gottes eingeladen.
Jeden Tag können wir es ein kleines Stückchen in unserem Leben Wirklichkeit werden lassen.
Aber was tun wir?

Wir sagen oft genug: „Nein, danke! Ich habe gerade etwas anderes vor."
Das Reich Gottes steht allen Menschen offen, nicht nur den Christen. Alle sind aufgefordert, sich an den Tisch zu setzen und gemeinsam zu essen und zu trinken. Alle sind aufgefordert, menschlich miteinander umzugehen.
Gott lädt ein. Dich und mich und alle anderen. Es lohnt sich hinzugehen. Es lohnt sich, das Reich Gottes zu erfahren: Dann kann jeder Tag unseres Lebens zu einem kleinen Fest werden.

12.
Briefmarken aus Tonga

Eduard hat nicht nur einen außergewöhnlichen Namen, sondern auch ein seltenes Hobby: Er sammelt Briefmarken! Nicht einfach so, wie viele andere neunjährige Kinder es auch machen. Eduard ist ein Fachmann. Er kennt sich aus. Fast zwei Dutzend Alben füllen die Regale seines Kinderzimmers. Sein ganzes Taschengeld steckt er in diese Sammelleidenschaft. Mehrere Tausend deutsche Marken besitzt er – und auch sehr viele aus anderen Ländern. Manche hat er mehrfach. Die nimmt er dann zum Tauschen.

Ein Briefmarkenliebhaber ist immer auf der Suche nach neuen Schätzen. Besonders wertvoll sind komplette Briefumschläge mit Marke und

Stempel, am besten alt und von weit entfernten Ländern. Im Internet kann Eduard stundenlang klicken und interessante Marken bestaunen, die zum Verkauf angeboten werden. Die meisten sind aber viel zu teuer für ihn. Er muss mit zwei Euro fünfzig Taschengeld in der Woche auskommen.

Sein Freund Lars neckt ihn manchmal: „Edi, du spinnst doch! Gibst dein Geld für diese bunten Papierfetzchen aus. Spare lieber mal auf ein neues Handy. Bei deinem guckt ja noch die Antenne raus!"

„Das verstehst du nicht", verteidigt sich Eduard dann jedes Mal. „Briefmarken sind eben einfach wichtig für mich!"

Einmal streift Eduard durch einen Trödelladen. Da stößt er auf ein altes Briefmarkenalbum. Neugierig blättert er es durch. Fast alle Marken hat er schon. Uninteressant. Doch dann, ziemlich in der Mitte, entdeckt er einen Umschlag. Der wurde im Jahr 1904 nach Radebeul bei Dresden geschickt – von Tonga aus!

Tonga ist ein Inselstaat im pazifischen Ozean auf der anderen Seite der Welt! Der Brief reiste damals um die halbe Welt: über San Francisco und New York durch ganz Amerika und dann nach Deutschland. Auf dem Umschlag trägt er zwei Marken, dazu einige Stempel. Eduard ist wie elektrisiert. Er klappt das Album zu und fragt den Trödelhändler, was es kosten soll.

„Vierzig Euro!"

„Das ist viel", denkt sich Eduard. Dann nimmt er sein Handy aus der Hosentasche. „Was bekomme ich hierfür?"

Der Trödler grinst. „Das ist ja uralt. Ich nehme es für fünf Euro in Zahlung, wenn du hier etwas kaufst."

Eduard trägt das Album zurück an den Platz, an dem er es im Laden gefunden hat, und legt drei alte Bücher darauf, damit jemand anderes es nicht gleich entdeckt.

Zu Hause schlachtet er sein Sparschwein. Rund acht Euro sind darin. Plus die fünf Euro für das Handy. Fehlen immer noch über zwanzig.

Eduards Nachbar betreibt eine Wäscherei. Eduard fragt ihn, ob er bei ihm etwas Geld verdienen kann.

Eduard soll Kartons klein reißen und in eine Papiertonne stopfen. Danach fegt er den Hof und räumt Reinigungsmittel in ein Regal ein. Mit vier Euro Lohn kommt er müde heim. Seine Mutter bittet er um einen Taschengeldvorschuss.

„Mal wieder für Briefmarken?", fragt sie stirnrunzelnd. „Meinst du denn nicht, du hast langsam genug?"

Eduard blinzelt.

„Also gut, aber das ist eine Ausnahme", sagt seine Mutter und drückt ihm zwei Euro fünfzig in die Hand.

Am nächsten Tag bittet Eduard Lars, ihn zum Trödelladen zu begleiten. Lars soll den Leuchtglobus tragen, den er verkaufen will. Eduard schleppt zwei Taschen, darin sein Mikroskop, ein Computerspiel, das „Buch der Weltrekorde", die Figur eines ägyptischen Gottes und andere Sachen, von denen er sich trennen will, um das Album kaufen zu können.

Der Trödelhändler begutachtet die Sachen.

„Zwanzig", sagt er schließlich.

„Nur?", fragt Eduard bestürzt.

Lars will ihn zurückhalten: „Edi, du spinnst doch, all die schönen Sachen für ein paar olle Marken?"

Aber Eduard willigt ein und legt sein ganzes Bargeld auf den Ladentisch, etwa vierzehn Euro fünfzig.

Der Trödler schüttelt den Kopf: „Da fehlt immer noch was auf vierzig."

Eduard nimmt sein Handy aus der Hosentasche. „Sie haben gesagt, dafür kriege ich fünf Euro."

„Tu's nicht", flüstert Lars.

Aber Eduard tut es doch.

Der Trödelhändler nickt: „Ist in Ordnung."
Eduard nimmt das Album an sich wie einen Schatz und drückt es an die Brust.
Draußen vor dem Laden meint Lars: „Edi, das werd ich nie kapieren!"
Eduard schließt die Augen und lächelt glücklich: „Das kapiert man nur, wenn man Briefmarken liebt."

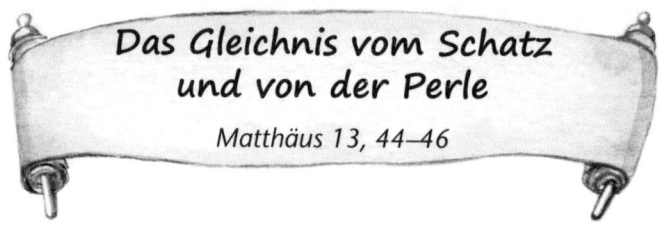

Das Gleichnis vom Schatz und von der Perle
Matthäus 13, 44–46

Kannst du Eduard verstehen? Oder denkst du auch, der spinnt?
Wer eine Leidenschaft hat, ist bereit, vieles dafür zu geben. Kinder, die im Verein tanzen oder Fußball spielen, müssen oft trainieren. Wer ein Instrument richtig gut beherrschen will, übt jeden Tag. Möchtest du das Schachturnier gewinnen? Hast du den Ehrgeiz und Eifer, die Beste beim Vorlesewettbewerb zu sein?
Das alles erfordert Einsatz und Hingabe!

Darum geht es auch in dem ganz kurzen Gleichnis, das Jesus erzählt. Es ist nur wenige Sätze lang:

Das Himmelreich gleicht einem im Acker verborgenen Schatz. Ein Mann fand ihn und deckte ihn wieder zu. Voll Freude ging er hin, verkaufte alles, was er besaß, und kaufte jenen Acker. Auch gleicht das Himmelreich einem Kaufmann, der schöne Perlen suchte. Als er aber eine kostbare Perle fand, ging er hin, verkaufte alles, was er besaß, und kaufte sie.

Die beiden Männer verkauften alles, was sie hatten, um den Acker oder die Perle kaufen zu können. Gemeint ist aber nicht, dass sie das taten, um den Schatz oder die Perle noch teurer weiterverkaufen zu können. Es geht in dem Gleichnis nicht darum, ein gutes Geschäft zu machen. Es geht vielmehr darum, alles einzusetzen! Jesus ermutigt uns, für das Reich Gottes alles einzusetzen: unsere Zeit, unser Geld, unseren Verstand, unser Können, unsere Liebe. Das Reich Gottes ist wichtiger als alles andere. Dafür tun wir Dinge, die wir sonst gelassen hätten.

Dafür lassen wir Dinge sein, die wir sonst getan hätten: Wir helfen jemandem, obwohl es lästig ist. Wir verzeihen, obwohl wir Rache üben könnten. Wir teilen mit anderen – und obwohl wir dann anscheinend weniger haben, haben wir doch mehr …

Lars kann Eduard nicht verstehen, weil er keine Briefmarken liebt. So werden vielleicht auch manche nicht verstehen können, wie Menschen leben, die Gott vertrauen. Doch wer Gott und die Menschen liebt, lebt anders!

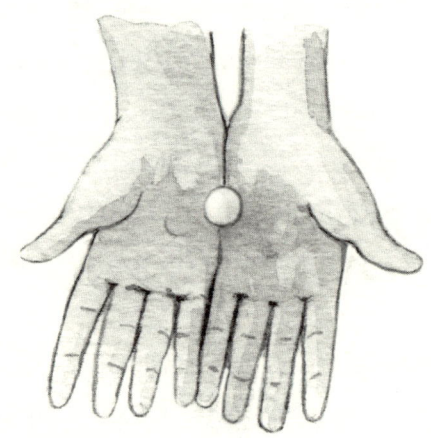

Über den Autor

Den Schriftsteller **Georg Schwikart,** geboren 1964, reizen die Gleichnisse Jesu, weil diese Geschichten wie bunte Bilder sind. Wenn aber zwei Menschen das gleiche Bild betrachten, dann sehen sie Unterschiedliches. So sind Schwikarts moderne Übertragungen als Anreiz zu verstehen, gemeinsam darüber ins Gespräch zu kommen, wie wir die Gleichnisse heute verstehen können. Nur im Austausch, meint der Theologe und Religionswissenschaftler, der in Sankt Augustin bei Bonn lebt, bleibt die Botschaft des Evangeliums aktuell.

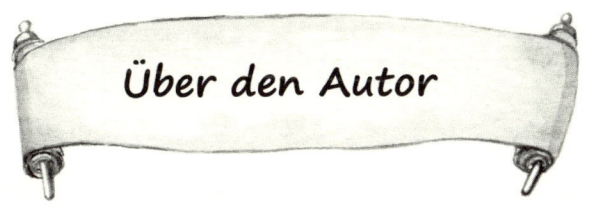

Sind die 10 Gebote heute auch noch wichtig?

978-3-451-71144-2

An der Schule finden Projektwochen statt. Blöderweise vergisst Felix, den Wahlzettel für das spannende Fußballprojekt abzugeben. So landet er unfreiwillig in dem Projekt „Die Zehn Gebote". Auch Nina, Liam und andere sind skeptisch und fragen sich: Was haben die Zehn Gebote eigentlich mit mir zu tun?

HERDER